AF364312

HISTORIA DE LA TRANSICIÓN Y DE LA COMPAÑÍA DE RESERVA DE LA GUARDIA CIVIL DE SEVILLA

MI GUERRA DEL NORTE

ExLibric

ANTONIO ROJO MORALES

HISTORIA DE LA TRANSICIÓN Y DE LA COMPAÑÍA DE RESERVA DE LA GUARDIA CIVIL DE SEVILLA

MI GUERRA DEL NORTE

EXLIBRIC

ANTEQUERA 2017

ANTONIO ROJO MORALES

HISTORIA DE LA TRANSICIÓN Y DE LA COMPAÑÍA DE RESERVA DE LA GUARDIA CIVIL DE SEVILLA

MI GUERRA DEL NORTE

Capítulo I
Preámbulos de destinos

Esta historia comienza en Sevilla, perteneciendo yo a la Compañía de Reserva de la 2ª Zona de la Guardia Civil, que por entonces comprendía toda Andalucía, Extremadura, Ceuta y Melilla, siendo Cabo 1º del Cuerpo, con digamos, suficiente veteranía en el mismo, a donde había llegado tras la peripecia de haber sido destinado con carácter voluntario, es decir, a petición propia, como lo han sido todos mis destinos dentro del Cuerpo a lo largo de mi dilatada vida al servicio de España, desde la provincia de Huelva, y Puesto de Higuera de la Sierra, a la Academia de Guardias de Úbeda, Destacamento de Sevilla. Unidad de nueva creación que se iba a ubicar en el Acuartelamiento de Eritaña para aprovechar sus instalaciones, que ya lo habían sido en el pasado con igual menester y que recibía tal nombre dado que otrora, había estado en su solar la famosa Venta de Eritaña, insertado el imponente edificio del mismo en el frondoso Sur del conocido Parque de María Luisa, así que mejor lugar, ninguno.

Digamos que a la Academia llegué como Cabo Instructor, como todos los que fuimos destinados ese verano del 75 para completar la plantilla de nueva creación de guardias, cabos, sargentos, brigadas, tenientes, capitanes y un comandante director, que nos haríamos cargo de los alumnos que iban a ser promovidos a guardias civiles tras el curso a realizar.

Mi procedencia era de la Comandancia de Huelva, como antes digo, a donde había ido destinado en agosto del 74, y llegué procedente de la Academia de Cabos de Madrid, recién ascendido, destino que conseguí dado el buen número obtenido en el curso (como apreciará a lo largo de todo lo que he escrito quien me haya leído, mi carencia de "abuela" es manifiesta), pues a decir verdad la he conocido recientemente cuando ya frisó los 70 años. Ha sido debido a una fotografía que me ha llegado de la mano de mi querido primo Antonio, el único que tengo, deduciéndolo yo, en un alarde de perspicacia policial y por las personas que la rodean incluida mi hermana Maña y mi tía Mercedes, de la observación de la fotografía. Mi padre estuvo destinado como Sargento Comandante de Puesto de La Puebla de Hijar en la provincia de Teruel y ella nació mañica, de ahí el gentilicio de Maña usado como nombre propio, conclusión mía corroborada por mi hermana Paqui días después, que sí la conoció en vida, y supe, sin dudarlo, que la dama enlutada sentada en una silla baja, con cara seria, como somos todos los ROJO, circunspecta, de ovalo perfecto, algo alargado para más nobleza, de rasgos estilizados, barbilla altiva y con un leve toque coqueto, hierático a pesar del luto, de negro vestida, debido todo ello, creo yo, a llevar en sus venas sangre francesa y andaluza al cincuenta por ciento, era mi abuela paterna.

Pues sí, sangre francesa, que aún no sé a qué circunstancias se debe, no en vano su segundo apellido era LOUT, y yo, ayudándome para ello del indicio que me proporcionaba el sitio donde estaba hecha la susodicha fotografía en la pétrea y avizora terraza delantera del castillo, de doble escalera de acceso en forma de pinza frente al inmenso y tranquilo mar de Alboran, donde jugábamos a piratas y a tomarlo a golpe de espadas de madera, situado a pié de playa, cuando no nos dedicábamos a contar coches de los que pasaban delante por la carretera, saqué tan evidente conclusión.

Terraza en la que daba la sensación de otear un posible y lejano ataque berberisco o el más común, posible, prosaico y vulgar alijo de tabaco de contrabando procedente de Gibraltar, misión última y real de la existencia del Cuartel de la Guardia Civil, situado y usando para ello el edificio, cedido al Cuerpo del Castillo del Marqués, uso que en definitiva no desmerecía en nada, a pesar de su antigüedad y años la utilidad que se le estaba dando a sus nobles piedras.

Castillo convertido en cobijo, hospedería, vivienda y asentamiento de la Benemérita Institución, situado en la costa malagueña de Valle Niza (hoy al parecer reconvertido en Museo), donde mi padre era el Sargento Comandante de Puesto, y donde, atisbo a recordar, en su patio trasero (patio de armas cerrado por alto y pétreo muro) todos los componentes del Puesto, tenían un cerdo engordándolo para la posterior e invernal matanza, cerdo o cerda, en nuestro caso, llamada Mari Pepa, que los niños teníamos que sacar a pasear amarrados de una de sus patas con una cuerda por los cercanos huertos de berenjenas, pues el castillo estaba en un descampado, cuando se anunciaba Revista, pues estaba prohibido tal crianza y uso.

Pues bien, dados estos datos con respecto a la foto, deduje que la dama enlutada era mi abuela por parte de padre y acerté, viuda del cuerpo para más nobleza doña MARIA GOMEZ LOUT, pues a la otra, a la materna, que fue artista en el malagueñísimo, famosísimo y clausurado en 1937 Café de Chinitas, que resultó prohibido tras la liberación de Málaga durante la Guerra Civil, ubicado en el pasaje malagueño del mismo nombre, tal vez por procaz y bullanguero, (que aún hoy día continúa cerrado) donde por cierto Federico García Lorca situó su no menos famosa coplilla entre toreros que dice así:

"En el café de Chinitas,
dijo Paquiro a su hermano.
Soy más valiente que tú,
más torero y más gitano".

De la historia he deducido que dada su condición de artista sedujo a mi abuelo en una de sus actuaciones o en varias y acabaron casándose, dado su palmito sevillano o mejor dicho ecijano, pues era natural de Ecija. Café teatro donde el amor crecería con compases de cante flamenco y palmas al calor del dulce vino de Málaga, recién entrado el siglo veinte, naciendo mi madre, que cómo no, se llamó ROSA. Mi abuelo era Vista de Aduanas en el Puerto de Málaga, y aficionado al cante que también practicaba y al que conocían por tal habilidad, y por ser de familia pudiente de los Salmerón con el apodo de "Piquito de Oro", amén de enamoradizo, de los cuales no creo necesario hablar más para este relato.

Capítulo II
Salida de higuera
de la sierra

Volviendo al relato de los destinos, decía que llegué a la Academia sevillana en el verano del 75 procedente del Puesto de la Guardia Civil de Higuera de la Sierra, a donde había llegado un año antes, cuyo Puesto, situado en la misma N-433, en su travesía, al inicio de la Guerra Civil fue asaltado por los mineros de Río Tinto y al no querer rendirse fueron asesinados todos los guardias menos uno. A algunos de los cuales tiraron al pozo que había en el patio, así como mataron a un Comandante del Ejército que se refugió en el cuartel, que así mismo no quiso colaborar con ellos.

Allí, mi Sargento Comandante de Puesto me comentó un día que el cura le había dicho que "no veía al Cabo por misa" así que estaba en cierta forma controlado, pero debió informarle que yo solía tener servicio casi todos los domingos por la mañana y que de esa forma él sí iba.

Tras mi destino a Huelva, dado el buen número sacado en el curso de Cabo en Madrid, largo y duro donde los haya (seis meses en la quinta planta de la calle Guzmán el Bueno, sin ascensores para subir y bajar cada dos por tres) saqué, en teoría, el número tres del curso y (recuerden lo de que no tengo abuela que diga lo bueno que soy) desde Huelva, al año siguiente pasé a Sevilla.

Al cerrarse la Academia un año después, en el 76, tras sacar tres promociones, quedé como agregado para el servicio en la Comandancia de Sevilla, Puesto principal de La Calzada, aunque seguía perteneciendo a Úbeda, de donde a los ocho meses, por tenerla pedida, dadas mis credenciales que yo desconocía en parte, pero debí intuir, el General Jefe de la 2ª Zona me destinó a "dedo" a la elitista y muy operativa Compañía de Reserva de la Zona, que por aquel entonces tenía más de doscientas peticiones de Cabo de todas las provincias que la comprendían, tanto andaluzas como extremeñas, amén de plazas africanas, como entonces se llamaban a Ceuta y Melilla, pues estar allí destinado significaba, cuando menos, vivir en Sevilla capital y poder tener algunas tardes libres y estudiar, el que quisiera.

De estas Compañías de Reserva solo había tres en España, situadas en Sevilla, Valencia y León, estacionadas estratégicamente en el suelo patrio dados los tiempos de transición y ambigüedad política que estábamos viviendo.

Todos los guardias y cabos habíamos quedado sin destino al cerrarse el malogrado apéndice de la Academia de Úbeda, al parecer por suprimirse el sistema de reclutamiento procedente de los CIR,s (Centros de Instrucción de Reclutas) del Ejército que habilitaban el ingreso en el Cuerpo por tal método, tras las tres promociones que conseguimos instruir en lo que había sido un ensayo de la Dirección General, cerrándola tal vez debido a una supuesta falta de actitud o falta de motivación suficiente de los que entraban por dicha vía que no estaban debidamente concienciados para desear ser guardias civiles en un porcentaje elevado e inasumible para las Unidades a donde iban destinados, no dando el resultado esperado, aunque nunca se dijo claramente a qué se debía su cierre, o al menos yo no lo supe.

Dichos cabos, compañeros míos quienes vivían la triste diáspora de estar agregados como yo para el servicio en los distintos Puestos de Sevilla capital, imaginaron, tras mi elección por el General Jefe para ocupar la ansiada vacante que se había producido hacía poco en la Compañía de Reserva y que, por descontado habíamos pedido todos al objeto de tener algo pedido y si era posible no irnos algún día a la lejana y fría aunque monumental Úbeda, a donde en realidad pertenecíamos en el supuesto de que nos reclamasen como habían hecho con parte de la plantilla cesante como capitanes y tenientes, pensaron que yo estaba al menos recomendado por un ministro.

Sus bromas al respecto cuando me veían iban en esa dirección "Rojo qué callado te lo tenías" y cosas parecidas, pero no fue así, compañeros, si alguna vez leéis este relato que hoy paso a limpio, sabréis la verdad. Sí tengo una idea de a qué se debió mi destino de "Libre designación", es decir a "dedo" de mi General, pero me la callo, si bien no se debió a recomendación, al menos que yo sepa, aunque algún mérito atesoraría mi persona, modestia aparte, digo yo, amén de mi talla, juventud, preparación, experiencia, seriedad y responsabilidad,¡ bueno, bueno, ya basta!

En el Puesto de La Calzada también fui feliz. Tenía un buen Comandante de Puesto, el Subteniente Bueno (de apellido y de hecho) al que sustituí en varias ocasiones como tal, pues solo tenía guardias bajo su mando, y yo, aunque agregado, era su normal sustituto, con anécdotas curiosas que redacto en otras páginas, como la detención en el lejano pueblo de El Pedroso en plena transición de varios comunistas por el Cabo Comandante de Puesto de allí, debido a que los carteles que estaban pegando como propaganda para las elecciones que se iban a celebrar tras su legalización NO TENÍAN PIE DE IMPRENTA, lo que legalmente los hacía clandestinos, pues las octavillas que hasta entonces habían divulgado su lucha en las famosas "siembras" nocturnas y callejeras en oposición a Franco, obviamente nunca tenían "pie de imprenta", para no identificar a la que las había imprimido.

—Sería un Cabo entendido donde los haya —dije yo para mí—, y que los jefes comunistas sevillanos tales como el famoso Saborido Galán,Soto y otros, venían a hablar conmigo para pedir su libertad por ser ya legales.

Lo resolví con razonamientos de que a todos los efectos tenían que presentarse para su petición en la Torre Sur de la Plaza de España, sede de la Comandancia de Sevilla y allí les darían la solución, que no fue otra que ponerlos en libertad. No obstante, al principio no estaban conformes con mi indicación, y de ahí el objeto de su visita, aduciendo que "ellos, siempre que habían sido detenidos cuando estaban en la clandestinidad, habían sido llevados al Puesto de La Calzada", de la calle Luis Montoto.

—¡Vaya por Dios!

Todos estábamos con el lío de LA TRANSICIÓN y a todos nos cogía con el pié cambiado, como la sonada e inesperada legalización del PCE (Partido Comunista de España) por parte de Suarez el doblemente famoso Sábado Santo, 9 de abril del 77, de aquella Semana Santa, le cogió al Ministro de Marina, Pita da Veiga, que acabó dimitiendo y con él todos los Almirantes en activo a los que Suarez les proponía el cargo, que declinaron la invitación en solidaridad con el dimitido. La Marina es la Marina.

El resto, por mi parte en La Calzada fueron servicios por el extrarradio, barriada de Valdezorras, Aeropuerto Viejo, donde amarró el Zepelín en los años 20, Aeropuerto nuevo de Sevilla, protección de fábricas, escoltas de trenes a Linares, dos días completos, Llerena, un día y Carrión de los Céspedes, una mañana, escoltas de presos, protección exterior de la Prisión de Sevilla por aquello de que tiraban desde fuera hacia dentro la droga, metida en pelotas de tenis y todo un cúmulo de servicios de orden público entre otros en la famosa barriada de Torreblanca, peligrosa donde las haya, pero que a la Guardia Civil la respetaban, e incluso charlaban con nosotros, además de Comandante de Puesto sustituto, que fueron una buena escuela diaria de aprendizaje para un guardia civil al que no le sentaban muy bien las oficinas, aunque de todo hay que hacer y saber en la viña del Señor.

Capítulo III
La compañía de reserva

Es una Unidad que se prepara, como su nombre indica para actuar allí donde haga falta cuando hayan sido rebasados ciertos límites normales de actuación de unidades más pequeñas y se nos reclame. Su vida interior, si tal circunstancia no se da doquiera que sea del territorio patrio, es de preparación. Pasa los días que no tiene servicio específico de guarnición y protección del Acuartelamiento donde esté ubicada o reforzando el servicio de la Comandancia, en este caso de Sevilla, o preparándose para ello con sesiones de gimnasia, instrucción, despliegue de masas en manifestaciones, pista americana en las instalaciones de Pineda o carreras de fondo en Monte Quinto y su zona de arbolado, siempre de ocho de la mañana a dos de la tarde, salvo que se efectúen maniobras y simulacros de sabotajes a pantanos o embalses durante todo el día, incluso marcha con brújulas sin mapas en las llanuras lebrijanas, y como no, ejercicios de tiro normales y especiales, y el que está libre de otra cosa pues a su casa a mediodía, aunque eso sí, siempre pendiente del teléfono por lo que pueda pasar. Esa es la pequeña ventaja que la hace apetecible, pues en los Puestos rurales siempre se está de servicio.

Situados en este contexto los días pasan, estudio a tope, el curso anterior he sacado 1º de BUP con nota, en el Instituto Gustavo Adolfo Bécquer en horario nocturno de siete a once, con un gran sacrificio, y este año de 1978 me he matriculado en 2º, pues pretendo ascender a Sargento por oposición cuando pueda presentarme. Hago servicios para la Comandancia de Sevilla de venticuatro horas, cuatro guardias seguidas, cuatro Gobierno Civil y cuatro Banco de España, donde si bien pierdo las clases de dos y tres días a la semana, pues solo puedo asistir, lunes, miércoles y viernes, o martes y jueves, sí puedo estudiar a tope por las tardes, es un ritmo duro pero no me pesa, se hacen unas noventa horas de servicio a la semana o más, pero es lo que hay. En la actualidad hacen poco más de treinta y cinco horas y aún no están contentos…, pero todo ha evolucionado. El truco está en llevarme bien con mis compañeras, invitarlas en el descanso a chuches y preguntarles qué dieron los profesores el día anterior. Hay que cubrir todos los flancos que no puedo cubrir por mis ausencias, como se pueda.

Además están las imprevisibles concentraciones (en cuanto a perder días de clase), en que nos desplazamos a los pueblos cuyos ayuntamientos son tomados u ocupados por el SOC (Sindicato de Obreros del Campo) como posturas de fuerza para reivindicar sus peticiones y hemos de ir a apoyar a las fuerzas rurales de la Comandancia de Sevilla, las cuales en esos casos forman detrás de nosotros en la plaza ya que nuestra presencia con uniformidad distinta, traje de campaña en vez de uniformes al uso, botas negras relucientes, pañuelito color lila al cuello y gorra de servicio tipo montañero amén de cascos con visera, la mayoría con barba, ya permitida, toda gente joven, escudos y bocachas lanzapelotas de caucho en los Cetmes, aunque no todos, bien desplegados en formación de actuar causamos inevitablemente la sensación de que con nosotros "pocas bromas", y yo entiendo que es el resultado buscado de lo que dice nuestro sabio Reglamento para el Servicio de "… su silencio y seriedad deben imponer más que sus armas…" mientras en los salones del ayuntamiento se negocia su desalojo.

Tenemos la ventaja de ser de fuera, de no conocer a nadie, y asumimos el papel de los malos como en las actuaciones de la guerra de los tractores de Mérida nos decían los campesinos e incluso se lo decían a los del Puesto que para ellos eran "los buenos" en un calco exacto de lo que se dice en las películas cuando alguien es interrogado "… los malos son los del pañuelito al cuello (nos contaban a un sargento y a mí cuando nos lo habíamos quitado para abastecernos de agua en la zona de Las Lomas a la salida norte de Mérida, para no incordiar, durante la guerra de los tractores, pues ya había habido sus más y sus menos), que han venido de Sevilla…"

En fin, la seriedad es un arma para disuadir, muy importante, que facilita, tras una espera lógica el posterior acuerdo, y con él, el apretón de manos entre el Jefe de la Guardia Civil que parlamenta en nombre del Gobierno Civil y los líderes obreros. Apretón de manos que tanto molestaba al duro y aguerrido veterano, próximo a licenciarse que formaba tras de mí en aquella plaza aguantando el tipo, la tensión y el calor y que en voz baja me decía:

—Cabo, ¿ha visto Vd. a lo que hemos llegado…? —y alguna palabra más que no transcribo… Era, evidentemente, otra "victima" de la falta de información que teníamos en aquella llamada transición que él, y como él casi toda la tropa del Cuerpo veterana no llegaba a entender al no habérsele dicho ni una palabra al respecto de hacia dónde nos encaminábamos y cómo se iba a hacer el cambio.

La obtención del desalojo y su razonamiento me trajo a la memoria algo parecido a lo que les dijo el Cardenal Cisneros a los nobles amotinados, cuando ejercía la regencia del Reino al ser preguntado que cómo les iba a hacer cumplir lo que les ordenaba y con quién contaba para ello, un simple cura, y para esgrimir sus razones para ser obedecido, dado que era un religioso, los invitó a que mirasen por las ventanas del palacio y vieran sus suficientes y expeditivas "razones". Tenía a la fuerza preparada con sus lanzas en el patio para actuar a una palabra suya, y ante ello los convenció, pues tal vez habían creído que el cura Cardenal no tenía otros medios que su sola persona para hacerse obedecer. Craso error. Fue suficiente la visión.

Gobierna en España la UCD de Suarez, el Gobierno Civil de Sevilla está mandado por Fernández Madrid, elástico, comprensivo y negociador, con los problemas esencialmente del campo, no en vano se está preparando y redactando, a espaldas nuestras y de la mayoría del pueblo la ansiada Constitución que ahorme y dé cuerpo a una nación ahora bamboleante y dubitativa entre el pasado y el futuro, por un grupo de notables de todos los partidos y algunos intelectuales libres, que aportarán su cultura y que pasarán a la historia moderna como "padres" de la misma, tras las Elecciones Generales del 15 de junio de 1977, de carácter constituyente.

Nosotros no contamos individualmente para nada, siendo eso sí, muy a tener en cuenta colectivamente, pero no en cuanto a opiniones, somos el músculo con el que cuenta el Gobierno para todo lo necesario en cuanto a delincuencia, contrabando y orden público, que para eso estamos. La Guardia Civil, obedece, que no es poco, como ha transitado obediente y leal al poder establecido a lo largo de su historia desde el lejano año de su creación en 1844 (así que ya llevábamos 145 años de existencia) y en estas fechas en las que escribo estas páginas más de 172, unida al devenir patrio de esta preciosa España, toda la cual conozco, que tanto amo y que como hijo y nieto del Cuerpo donde milito me ha llevado a cambiar ventidos veces de domicilio entre cuarteles y viviendas civiles a lo largo de nuestra geografía, incluyendo las Islas Canarias, por mor de ascensos y mejoras.

La Guardia Civil eso y mucho más tiene a gala en su trayectoria histórica, evitando pronunciamientos con una simple pareja como ocurrió con la que estaba de servicio en Correos de Madrid en la década de los años 20, negándose a obedecer órdenes que no lo fuesen directamente de sus superiores, como fue el caso, y, apoyándolos otras veces, pero yo echo de menos el que nadie nos haya informado lo más mínimo del cambio que se está produciendo y del que vendrá más adelante cuando llegue el socialismo felipista y nos "descubra" para su bien, pues sus recelos sobre nosotros y nuestro proceder, viniendo de donde veníamos, no se habían disipado aún y dado que yo también soy un ciudadano y ni individualmente ni en grupo se nos ha informado, enseñado, charlado, asesorado o dialogado al respecto, de lo que se pretende instituir y así están también nuestros mandos cercanos, me duele en el alma esta situación. Nadie se significa en ningún sentido ni dice esta boca es mía.

De ese desconocimiento venía el lógico comentario que hacía el veterano asombrándose personalmente del apretón de manos con que en público se había cerrado el acuerdo de desalojo del Ayuntamiento entre el Mando de la Guardia Civil que actuaba recibiendo órdenes del Gobierno Civil y los líderes obreros ocupantes, quienes eran sobradamente conocidos por él por sus actividades, hasta entonces y poco antes no solo prohibidas, sino perseguidas.

Nadie estaba preparado para el cambio, ni se sabía cómo iría la cosa, luego, la transición española a la democracia asombró al mundo, pero el vivirla día a día y paso a paso entonces suscitaba incertidumbre, otra cosa, no obstante, como dice Machado es que "… se hace camino al andar, paso a paso…", y así salió adelante, poco a poco y los más veteranos entre nosotros eran los más reticentes ante el futuro.

No lo tenían claro, pero era o renovarse o… El Terrorismo no cejaba, los muertos se amontonaban en las estadísticas, el 79 terminó con ciento siete asesinatos de ETA y Grapo y el 80 con noventa y ocho, la involución latía en el aire, azuzada por algunos periódicos como El Alcázar, diario que entraba por la puerta de atrás en el Gobierno Civil, en el que en sus páginas el colectivo "Almendros", editorializaba y mostraba su disconformidad con el estado de cosas de la Patria, pero esta historia de la compra diaria del periódico y por orden de quién no la quiero contar.

El presidente Suarez se había reunido el 8 de septiembre del 76 con los mandos castrenses para darles cuenta de hasta donde iba a llegar con su apertura política y el General Coloma Gallegos no estuvo de acuerdo, aunque no pudo impedir la misma, pero estas reuniones y sus escasos ecos o resultados no llegaban a la tropa.

La Sevilla de entonces amanecía con las pintadas que decían "ALGO HAY QUE QUEMAR, O EL CORREO DE ANDALUCÍA O EL PALACIO ARZOBISPAL" en una lucha sorda o sonora, según se mire entre los dos bandos, las dos Españas las que siempre ha habido, contraria una a la apertura y la otra no, y nosotros en medio de ambas, a las que en esencia éramos ajenos. Mientras, el GRAPO hacía de las suyas despertando a toda Sevilla con sus bombas, unas puestas en el Palacio de Justicia y otras camino del mismo, pero que les explotó antes de llegar en los mismísimos Jardines de Murillo, se supone que cuando iban bien pegados a la tapia de los Reales Alcázares para no ser vistos. La detonación de esta última me despertó a las tres de la madrugada mientras dormía en Eritaña a más de un kilómetro de distancia. La cabeza del que la llevaba se recogió al día siguiente de entre las ramas de un ciprés del Alcázar, a donde había volado por efecto de la explosión.

Lo que sí tengo claro es que el régimen anterior ha fenecido y ha llegado el nuevo que se llamará Democracia Representativa, pero a nosotros, que ingresamos con la ahora denostada Dictadura, nadie ha descendido a decirnos nada, qué representará y a qué hemos de atenernos, qué trato se nos dará y qué futuro tenemos, si seremos o no represaliados por algún motivo o no, pero en fin no pintamos nada. No obstante como en mi Compañía somos de los más jóvenes, nos adaptamos mejor a los cambios. Yo en particular intento salir del marasmo de dudas leyendo la revista Cambio 16 que dirigida por Juan Tomás de Salas algo me ilustra en el devenir futuro de España.

En aquellas fechas somos tan poco conscientes de lo que postula y dice o dirá la Constitución, que en su día se votará y que las Cortes Constituyentes que se han votado en junio del 77 nos afectan directamente en obligaciones y derechos. En las primeras elecciones ninguno de nosotros vota, ni nuestros mandos están a la altura de ello facilitándonoslo, ni tampoco lo pedimos, así que se nos envía a lejanos colegios electorales de pueblos de la provincia de Sevilla en servicio de protección desde la mañana a la noche, sin la más mínima posibilidad de que ejerzamos nuestro derecho a votar donde estamos censados, pero lo lamentable es que ni echamos de menos dicho derecho pues no somos conscientes de que lo tenemos. Creemos que a nosotros no nos afecta, que somos mesnada sin más. Hoy día, en la distancia de los años, cuando narro esto, me da pena pero no me avergüenza contarlo. Es más, he de decir que gracias a la gestión del presidente de la mesa en la que estuve, se nos dio comida a los dos como a todos ellos, pues la sirvieron desde algún bar por cuenta posiblemente del Ayuntamiento.

La desazón que expreso en los párrafos anteriores no exenta de frustración por el silencio y falta de información a que se nos sometió durante años, aprovechando nuestra ignorancia en tal menester y nuestra falta de experiencia en materia de nuestros derechos civiles, llevó en aquellas fechas al Ministro Vicepresidente del Gobierno para asuntos de Defensa General, Gutiérrez Mellado, quien ya en el mes de marzo del mismo año había hecho publicar y puesto en marcha el Real Decreto 836/78 de 27 de marzo del 78 creando la JUJEM, (Junta de Jefes de Estado Mayor) subordinándola al poder político del presidente Suarez, en vez de al Rey, como la mayoría de los militares quería y decidió convocar una gran reunión de carácter informativo el 17 de noviembre de 1978, unos meses después de publicado el Decreto, en la Base Naval de Cartagena, a la que asistieron más de mil mandos entre Generales, Jefes y Oficiales de los tres Ejércitos, incluida la Marina y de la Guardia Civil, en aras de clarificar el proceso político que se estaba llevando a cabo y lo que sería la Constitución que se iba a votar en breve.

Decir que el camino no fue fácil es lo más acertado. Por fin se descendía a decir algo, aunque fuese a un nivel muy superior al mío pero el resultado fue lamentable, pues en el turno de preguntas tras la exposición, Gutiérrez Mellado tuvo que afrontar algunas de clara oposición a su postura y a la apertura que se estaba llevando a cabo, auspiciada por él y que había intentado aclarar, aunque algo tarde, no en vano ello ocurría en una sede histórica de la Marina, como era la Base de Cartagena.

Este Ejército, el más conservador y corporativo de las FAS (Fuerzas Armadas), estaba especialmente indignado, tanto por la legalización del PCE, ya que muchos de sus componentes eran familiares de los miles de miembros del Cuerpo General de la Armada asesinados al comienzo de la Guerra Civil, de lo que siempre se culpó a los comunistas, como por la forma en que Gutiérrez Mellado había resuelto la dimisión de Pita da Veiga.

Las preguntas fueron de mal tono y talante opuesto a la apertura y la más sonada de todas fue la que hizo el General Jefe de la 3ª Zona de la Guardia Civil (Valencia) Atarés Peña, quien tras el rifirrafe verbal con Gutiérrez acabó llamándole, tras un cruce de palabras altisonantes, dicen que le llamó, MASON, TRAIDOR, CERDO,

COBARDE y lo que aún era peor ESPÍA, pues al parecer durante la guerra, Gutiérrez Mellado no había estado directamente en el frente y sí en otro tipo de servicios, lo cual era conocido por todos los que habían luchado en la misma.

Atarés salió de allí arrestado, siendo absuelto en el posterior Consejo de Guerra que lo juzgó por tales hechos, que presidía Milans del Bosch, aunque cesó en el mando que tenía.

Juan Atarés Peña, General de Brigada de la Guardia Civil y Expedicionario a Rusia con la División Azul, cuando joven, fue asesinado por la ETA de dos tiros en la nuca y uno en la espalda, cuando ya jubilado paseaba en Pamplona por un parque el 23 de diciembre del 85, ocho años después del incidente, tras haberse librado anteriormente de al menos cuatro intentos de acabar con su vida por parte de los terroristas, habiendo dirigido la captura de los etarras fugados de la Cárcel de Segovia.

La desafortunada actuación de Gutiérrez Mellado le llevó a decir en aquella misma reunión, a modo de frase lapidaria contra la Guardia Civil, tras la petición de comprensión de la postura de Atarés (vivamente influenciado por el gran número de Guardias civiles que iban asesinados) por parte del también miembro de La Armada, que intercedió en su descargo, el Capitán Médico José Luis Pérez Cuadrado, quien tomó la palabra diciendo "Que él justificaba las palabras de Atarés por el daño que el terrorismo le estaba haciendo a la Guardia Civil" a lo que

Gutiérrez Mellado adujo y afirmó "… mucho amor a las fuerzas del orden público pero he tenido que cubrir con forzosos, cuarenta vacantes en el País Vasco".

Esta frase, dada la situación reinante en España, estaba fuera de lugar, ya que suponía una acusación implícita de cobardía para la Guardia Civil y provocó el fin de la reunión por la indignación de los presentes.

No debía haber ignorado Gutiérrez Mellado que por ejemplo, y como muestra del valor de los guardias civiles, estaban mi propio hermano JESUS ROJO MORALES, (q.e.p.d.) y como él, muchos más, quien estando destinado conmigo en la Comandancia de Algeciras, cuando empezaron los problemas y atentados pidió destino voluntario en 1972 a la entonces Comandancia más peligrosa de España, es decir, Guipúzcoa, donde permaneció destinado en Irún durante más de treinta años, escapando ileso a más de un atentado, preparado y no consumado, declinando el pedir destino cuando era informado de ello.

No, no fue fácil para nadie todo aquello. La sangre corría y el descontento de años y viles muertes por parte del terrorismo trajo el intento de Golpe de Estado del Teniente Coronel Tejero y los Generales, Jefes y Oficiales que se vieron encausados en el mismo, el 23 de febrero de 1981, suceso que viví en una larga noche de aquel frío mes, acuartelado como toda mi compañía en Eritaña, del que otro día hablaré y contaré lo que vi.

No soy ningún experto en historia, pero es lo que pasó a groso modo, o al menos lo que yo vi, viví y sentí al respecto.

Capítulo IV
Concentración del País Vasco

Esa tarde de noviembre del 78, llamo por teléfono a Eritaña para efectuar un control y saber qué servicio tendré al día siguiente, y el telefonista me dice que tenemos que ir al País Vasco concentrados, no me lo creo, es algo que me sorprende de verdad y me irrito algo. Nosotros, y con motivo del Referéndum anunciado para el día 6 de diciembre debemos irnos a Vitoria, eso dicen de nuestro destino y que será al día siguiente.

Luego empiezan a pasar los días y la orden de marchar no llega, las maletas las tenemos hechas y así llegamos al día 2 de diciembre, estoy de Guardia en Eritaña, ya que por aquel entonces vivía en San Juan de Aznalfarache en la Barriada de Aviación llamada El Sagrado Corazón, donde me habían adjudicado un pisito (pabellón que Aviación ofreció a la Guardia Civil dado que tenían muchos vacíos, por un precio relativamente barato).

Son las dos de la madrugada, me llaman y me dicen que nos vamos, esta Guardia Civil es así, no tiene horas, yo ya debería saberlo y no sorprenderme. Parte del personal está prestando servicios en Correos, en el Gobierno Civil, en la Audiencia Provincial y en el Banco de España, en fin casi todo el mundo está en algún sitio, el zafarrancho es general, todos estos servicios han de ser relevados por personal de la Comandancia de Sevilla, que como es lógico, a su vez están durmiendo en sus casas, han de moverse rápidamente, recoger al personal en sus domicilios y llamar a cerca de ciento cuarenta y cinco hombres que viven en distintos puntos de Sevilla y pueblos cercanos pues a las siete de la mañana, la Compañía tiene que partir para Vitoria.

Me cambio de paisano y me marcho a mi casa a recoger la ropa llego a las dos y media. Preparo las últimas cosas, duermo tres horas y me despido de mi esposa e hijos a los que no despierto pues no lo entenderían, regreso sobre las seis y media al cuartel. Allí todo son carreras, algunos familiares han venido para despedir a los que se van (duro trago) acompañándolos hasta el último momento. Hace mucho frío, en el patio delantero, la humedad del río en invierno se deja notar. Los que se quedan, que nos han relevado nos miran como yo miraba a los que se fueron en noviembre, es decir con cierta pena y a su vez, creo, que interiormente con alegría, la condición humana es así, o al menos eso imagino, contentos de no ser uno de nosotros.

En esos años las levas para el País Vasco, al que hay que reforzar con veteranos, son así, unos van y otros vienen, sin embargo en la mente de todos nosotros y en la de nuestros familiares está que algunos regresan antes de tiempo pero con los pies por delante y eso es lo peor. Extremadura, Galicia y Andalucía están pagando un alto precio en asesinados por la procedencia de la mayoría de nosotros, solemos decir al respecto que al que le toca le toca y no hay más, pues aquí abajo, en representación del Cuerpo estamos asistiendo a los entierros cercanos cuando ello ocurre.

Las familias que han venido, como las que se han quedado en sus casas lo saben y sufren pensándolo y llorando, arropándose unas con otras en la semioscuridad del gran patio delantero del Acuartelamiento, ateridas de frío viéndonos formar y contarnos una y otra vez antes de que amanezca. Nosotros apretamos las mandíbulas estoicamente al ver la escena del sufrimiento de nuestra gente y no por otra cosa. De eso me he librado pues estoy solo en el acto de reunión y partida.

Como la Compañía tenía vacantes lógicas de todos los escalones, durante la noche se han asignado forzosos al personal que le faltaba para estar completa, Guardias procedentes de Sevilla, Sargentos de Badajoz y Cádiz y hasta el Capitán, que en ese momento no teníamos y han designado al de la Compañía de Utrera para mandarnos, bajo las órdenes del cual iniciamos la aventura de la marcha.

Formamos. Pasan lista, vehículos con el motor en marcha, viejos Land Rovers capotados con lona que a duras penas aguantarán los mil doscientos kilómetros que nos esperan. La arenga de siempre. El Capitán asignado a la Compañía en cuestión de horas (el que teníamos se ha marchado por ascenso) nos dice:

—En principio vamos por ocho días, y es probable que estemos allí hasta el día 10, vamos por el Referéndum de la Constitución y a Vitoria. ¡Rómpan filas y a los vehículos!.

Ignorábamos que, como luego supimos, esa misma escena se estaba repitiendo a la misma hora en Valencia y en León, cuyas Compañías también salían para el Norte. La pinza de refuerzo para el País Vasco se estaba llevando a cabo, los motivos reales de esta salida precipitada aunque anunciada no los sabríamos nunca, aunque el rumor era que la ETA quería hacer algo gordo, como ocupar alguna población aunque fuera por minutos o asaltar o atacar algún cuartel, y nosotros teníamos que impedirlo como fuera, aunque lo más probable es que quisieran reforzar las votaciones del día 6, en que se votaba la Constitución. Otra más en la historia de mi querida España, pero esta la iba a vivir yo, en persona.

Salimos algo tarde en nuestros vehículos, llevamos un camión con las maletas, el camino se nos antoja corto, la moral es alta y lejos ya de Sevilla, recorriendo su campiña, estamos y nos sentimos más contentos. Madrid por la noche, pernoctamos en el Móvil de la calle Príncipe de Vergara, hemos parado en los bares de carretera para comer, haremos el trayecto en dos etapas, la primera se cubre sin más novedades que la incomodidad de los vehículos.

Al día siguiente la segunda etapa, paramos a comer en la carretera, al reinicio, cuando estamos cerca de Burgos de pronto veo delante de mi vehículo a lo lejos un camión volcado en la carretera, creemos que es el nuestro, el que nos lleva las maletas, desde lejos se le parece pero no es, es un furgón grande que ha colisionado con un turismo.

Cuando llegamos el cuadro es dantesco, al parecer el conductor del furgón se ha dormido y ha colisionado de frente y volcado con el turismo, que a su vez se ha salido de la carretera, es una familia, de los cuatro ocupantes, dos están muertos, con múltiples mutilaciones, la escena nos pone a todos malos, sacamos a los heridos rápidamente, han tenido suerte, si cabe la expresión, de que pasáramos por allí en esos momentos, somos muchos y lo hacemos rápido. Los heridos los mandamos para Burgos, los muertos se quedan allí esperando al Juez, el padre y la madre han muerto, sus hijos puede que se salven. Seguimos la ruta, el día 3 es gris y muy frío, el páramo castellano es inclemente en invierno, pienso que por aquí anduvo el Cid Campeador, Rodrigo Díaz de Vivar, camino del destierro impuesto por su Rey.

Continuamos la ruta, son las doce de la mañana, y hemos de almorzar en Vitoria, que nos espera. Entramos en la provincia tras pasar el desfiladero del Pancorbo y empiezan los recelos de las bombas en los taludes de las cunetas, pero el terreno, ralo y nada boscoso, aún no permite el enmascaramiento suficiente para prepararlo.

Llegamos sobre las tres y media, hay mucha gente en la Comandancia y hace mucho frío, tanto que tiritamos, los de Valencia habían llegado por la mañana, comemos unas estupendas alubias estofadas servidas por ellos. No está mal, luego café y saludos a los que conocemos. Esperamos órdenes. Estas llegan y escoltándonos las dos Compañías mutuamente salimos, sobre las seis de la tarde para donde pasaremos la noche. Vamos hacia un Campamento de Reclutas llamado ARACA que está a unos tres kilómetros de Vitoria, en un cerro que la domina y nos reparten en varias Baterías.

En este Campamento estaremos una noche y al día siguiente nos cambiamos a la parte de abajo, el frío es aterrador, aunque las ventanas tienen doble acristalamiento, el frío nos llega por todas partes en aquel cerro pelado que tiene a Vitoria a sus pies a todos los efectos. Comemos bien, llamamos por teléfono y se da la primera nota de indisciplina entre dos componentes de la Compañía, hay voces desaforadas y todo se debe a que nos acaban de echar el primer jarro de agua fría. Por la tarde nos han dicho que no nos quedaremos en Vitoria, que vamos a Bilbao, y claro esto no es lo que se nos dijo en Sevilla. La razón del mal humor es que Vitoria es más "tranquila" aunque nunca se sabe, pensamos la mayoría, así que aquí se quedan los de Valencia y nosotros a Bilbao, y para colmo tenemos que desmontar las camas y llevárnoslas.

Las camas tardan mucho en desmontarse y ante las dificultades producto del cabreo, de la mala nueva y la falta de herramientas al efecto, optan por cogerlas del almacén del Campamento donde ya están desmontadas.

Los colchones y las almohadas están sucios, más que sucios, mugrientos, ennegrecidos por la suciedad, se nota que son de un Campamento de reclutas en el que nadie ha podido protestar. Después de mucho discutir unos con otros y además de bajar y subir dos veces las maletas del camión, se dan cuenta de que el otro camión enviado para llevar los colchones y las camas se moja por el toldo, por consiguiente, vuelta a bajar las maletas y a montarlas en el otro, el que traemos desde Sevilla.

Con todo este guirigay iniciamos la marcha a la diez horas de la noche del día 4 de diciembre. El trayecto que hemos de hacer a esa hora es desconocido para nosotros, vamos dejando atrás la fría Vitoria y comenzamos a bajar por la autopista de Altube hacia la costa. Nos escolta Tráfico, llueve intensamente, tanto que tenemos que aminorar la marcha, pues no se ve nada, el augurio no puede ser peor.

A las once y media de la noche, llegamos al nuevo Campamento donde vamos a estar y a tener la Base, es el Campamento Militar de Soyeche, a unos tres kilómetros de Munguía en una zona llana en el centro de la provincia de Vizcaya, totalmente nuevo, lleno de calles y Baterías (naves habitables) trazadas a cordel, igualmente nuevas a estrenar, también del Ejército de Tierra, situado en la carretera que une Munguía con Guernica, y totalmente solitario y aislado.

Entro en el primer grupo de vehículos, nada más entrar y parar unos cuantos soldados nos gritan desde las ventanas de las Baterias:

—¡Fuera de aquí¡ —y nos cantan— ¡qué se vayan, qué se vayan!. Además de tirarnos pesetas y monedas al suelo como gesto de desprecio. Es increíble, nos insultan hasta en nuestra propia casa.

Se monta el follón, entramos en los barracones dos cabos más y yo y algunos guardias con los Cetmes montados en busca de los que nos han insultado, hasta la segunda planta, estamos a pique de formar un buen lío, algunos soldados que encontramos a nuestro paso solo aciertan a decir "Yo no he sido, mi primero, yo no he sido", haciendo gestos con las manos abiertas de que no hay que meterlos a todos en el mismo saco. Los que han sido, ya no insultan ni abren la boca, amparándose en los demás, cobardemente, sin dar la cara. El Teniente que nos manda se muestra tolerante, conciliador, pero no así el Brigada de Tráfico que nos ha acompañado desde Vitoria que le echa agallas al asunto y los reprende a todos duramente.

Se da cuenta del incidente al mando del Campamento, un Coronel y el Oficial de Guardia los manda formar en la explanada en plena noche. Defiende a la Guardia Civil a voz en grito mientras permanecen firmes y les afea duramente su conducta, les dice que representamos a la Patria y les solicita y conmina a que salgan los que han protagonizado el insulto, de lo contario estarán toda la noche formados y en la posición de firmes. Nadie sale y la espera se prolonga largamente, nosotros observamos la escena, la tensión es insoportable para los que no han participado y para nosotros, que poco a poco hemos llegado ya todos, luego se averigua quién fue el promotor, que pasará directamente al calabozo. Mal comienzo, malo, muy malo, ni en nuestra casa estamos seguros.

Sobre este desagradable incidente se nos dirá días después que parte de la tropa que está allí son soldados vascos, como vasco era el de los insultos, que hacen el servicio militar como voluntarios, para no salir de su tierra, tanto que, algunos de ellos están situados en los mejores destinos dentro de la Base, en el local de teléfonos del Campamento, por ejemplo, cuando íbamos a llamar, alguno me enseñó alguna pelota de goma negra o roja que le habían disparado en las manifestaciones en las que, cuando salía del cuartel, participaba. Un desastre de animosidad y desapego hacia nosotros y lo que representamos. Pero el ánimo nuestro no decae.

Esa misma noche, en el comedor hay de nuevo problemas de disciplina entre la misma pareja de Vitoria por no comer lo que nos han puesto de cena. A la llegada del Teniente la discusión se acaba, pues la mayoría comemos en silencio y sobre las doce y media. tras la agria discusión, esta se termina con el consabido "Considérese arrestado".

Luego, al día siguiente, para templar los ánimos el Mando decide que su protesta quedará en nada, el que la ha hecho se conforma con otra clase de arresto pero empiezo a ver que aquí se van a tolerar cosas y actitudes que en Sevilla se cortarían de raíz, y nuestro escalón, el de Cabo 1º, es el más débil de todos en tales circunstancias, en cuanto a mantener la disciplina.

Regresamos al dormitorio que nos han asignado y me encuentro, o mejor dicho nos encontramos con otro problema. A uno de los guardias le ha dado un ataque de amor materno y ha decidido entregar su Cetme e irse con su madre, está blanco, el cabo "M" le grita que lo que tiene es…, resulta demasiado crudo para repetirlo, yo le digo que haga el favor de callarse, lo que le está pasando es una simple crisis de nervios debido a los sucesos de la llegada y del comedor. Intervengo aunque hay algún Cabo más antiguo que yo, y lo meto en un cuarto conmigo a la fuerza, a empujones aunque él, me dice que no le hable ni le diga nada, pero a mí se me respeta y yo lo sé. Está en crisis y allí, estando los dos solos, le hablo, tras recoger el Cetme que él dice que no quiere y dárselo de nuevo, trato de convencerlo de que no haga lo que dice que quiere hacer, además de que no puede, le digo que piense en su familia, en la vergüenza que pasarían si se enteran, es hijo del cuerpo como yo, le digo que, qué pensará su padre si llega a su conocimiento su acción, y va entrando en razón poco a poco, serenándose, aunque el color no volvió a su cara, pero el Cetme volvió a sus manos y yo me alegré, cerrándose el asunto.

El Cabo "M" sigue diciéndole y diciéndome que lo deje, que lo que tiene es…, se lo afeo y le digo que lo que tiene que hacer es callarse él, que a todos nos puede pasar eso dado la tensión por la que hemos pasado durante todo el día. La cosa poco a poco se va calmando y nos dormimos como podemos, pensando en el día 6, el día del Referéndum de la Constitución, esa que nos rige desde entonces y que ninguno de nosotros votaremos ni afirmativa ni negativamente, por no poder y luego a casa. Mi guardia aguantó desde ese día el tipo como el primero y nunca tuve queja de él.

Capítulo V
El referéndum de la Constitución y algo más

Entramos en el día 5 de diciembre y me nombran servicio de patrulla desde Guernica, a donde hemos de ir a unos trece kilómetros del Campamento. Se han acabado las historias negativas, y la máquina que en realidad somos se pone en marcha bajo el plan ideado por el Mando o en Madrid o en Bilbao.

Las patrullas son fuertes, yo diría que muy fuertes en presencia humana y potencial de fuego, si somos atacados, pobre de aquel que lo intente sin tenerlas todas consigo, lo pagará caro, muy caro. Las cosas, con nuestra presencia efectiva sobre el terreno y apoyo a los Puestos rurales de todos los pueblos que hemos de visitar, van a cambiar y han cambiado. Al menos en tranquilidad para esos Puestos, que viven encastillados, con el personal preparado y recelando un atentado o ataque directo a cualquier hora, pues a partir de ahora nos tienen a nosotros a pocos minutos para apoyarlos desde fuera, si fuese necesario.

Cuando nos presentamos en los mismos, sin que se nos espere, como norma de seguridad tanto para ellos como para nosotros, pues la hora y las veces que iremos no lo saben, solo lo sabemos los Jefes de Patrulla, pues podemos visitarlos y apoyarlos más de una vez durante las ocho horas, y con ello casi atoramos la calle donde están ubicados, en algunos casos, con tantos guardias civiles, casi todos risueños, se les nota a nuestra llegada que se distiende un poco la vigilancia que mantienen, el tiempo que permanecemos allí charlando, hablando o departiendo historias, se les nota más felices.

El hecho de nuestra presencia y de nuestra diferencia de uniformidad, trasciende a quien quiera vernos y es una fuerza disuasoria a tener en cuenta ante un potencial ataque del terrorismo que nos ha llevado allí.

Solo el Cos (Centro Coordinador de Servicios) y cuando se lo decimos nosotros, tras darle la salida, sabe donde estamos, mediante claves de coordenadas, que cambian cada pocos días, salvo que nos pida la situación expresamente por alguna emergencia, en cuyo caso la patrulla se detiene y espera órdenes, eso sí, todos montados en los vehículos, llueva, nieve o ventee.

El sistema es hacerse presente por sorpresa y vigilar X puntos, durante un periodo de ocho horas, establecidos en la orden de servicios, pero el momento y el orden en el que se hará, lo decide el Jefe de la Patrulla de al menos cuatro vehículos a su libre albedrío, dando cuenta al Cos, mediante las claves, qué punto está siendo vigilado o protegido en esos instantes, que pueden ser fábricas de armas, ciudades o cuarteles propios. El resto del tiempo es usado en la seguridad de la propia patrulla, en conocer todas las carreteras y caminos vecinales que unen unos puntos con otros y en dominar el terreno que se pisa, para lo cual el conocimiento de la geografía y de la orografía del entorno es esencial.

La salida y el regreso se dan en claves especiales, sin que ello quiera decir que se sale o se regresa en ese instante, pudiendo diferirse en el tiempo a varias horas en evitación de rutinas impropias, pues de hecho, estar de servicio se está, doquiera que se esté, prestos a intervenir como puede ser en medio de un bosque sin delatar la presencia durante un tiempo.

Este sistema de coordenadas en clave, que llevamos en un canuto enrollado, dio lugar a algunas risas sin mala intención, de todo el que estaba de servicio, un día en el que el Cos le insistía a un Suboficial conocido de todos nosotros, de los que habían agregado a la Compañía para subir al Norte y la señal del Cos llegaba a todos, de que la clave que le daba era errónea, que la mirase bien, y al insistir en el mismo error, el Cos le dijo:

—Mire Vd. eso bien, que por lo que me dice, está Vd., ahora mismo, en mitad del mar Cantábrico".

—¡Vaya por Dios!, lo siento Cos. Rectifico".

Las risas fueron generales, un error lo tiene cualquiera con las ordenadas y las abscisas y dónde se cruzan las mismas, pienso yo, así que sigamos…

Antes los vehículos iban patrullando solos y los sorprendían y atacaban con artefactos explosivos puestos en los taludes de las carreteras, en los lugares más propicios para ello y que hacían explotar tras ser avisados por un observador de que el vehículo se acercaba a los que, cercanos al sitio de paso, activarían el mismo, intentando que le alcanzara de lleno, ante lo cual, la pericia del conductor y la misma velocidad del vehículo lo podía salvar de la onda directa de la explosión, pero no del todo.

Ahora estamos así, patrullando con cuatro o más vehículos en caravana desde que varios coches han sido atacados por este método que nos ha costado muchos muertos y heridos. Como no podemos cejar en nuestras patrullas, que son como nuestra sangre circulando por las carreteras de España, constituidas en sus venas, pues ahora vamos un grupo de varios. Como mínimo cuatro juntos, a buena velocidad, aunque el último es el de la muerte o fatalidad, en el que por cierto, me toca ir a mí siempre que la patrulla la manda un Suboficial, que va en el primero, y yo, como segundo mando de la misma, en el último. Este es el que suele ser atacado, por retardar al máximo nuestra reacción, mientras damos la vuelta en carreteras tan estrechas y con vehículos tan poco maniobreros y lastimosamente, por no usar otras palabras, totalmente carentes de protección o blindaje, pues están capotados con lona, que además debemos llevar levantada en la parte trasera para ver y para que asomen las bocas de los Cetmes como actitud disuasoria de los hombres que van sentados atrás con lo que la reacción se produciría lo más rápidamente posible, impidiendo su rápida huida e incluso internándonos en el monte a por ellos, lo que les hace pensárselo muy mucho antes de actuar por tal método. Los chalecos antibalas, molestos e incómodos, cubren los laterales, puestos a guisa de parapetos.

La onda explosiva se proyecta con fuerza desde el talud hacia la carretera, pues suelen usar una enorme olla llena de tornillos que camuflan como pueden y en este juego mortal del ratón y el gato, el primer vehículo "barre" el tramo de carretera delante con la vista a distancia lo mejor que puede, buscando hilos tendidos o alambres o cables cruzando la calzada, los demás, fiados en su suerte, lo miran todo.

Cuando cruzamos puentes de poca entidad que ya conocemos de antemano, propiciamos, siempre que es posible en la distancia, cruzarlo cuando algún vehículo que viene en dirección contraria lo cruza al mismo tiempo, como medida de seguridad añadida.

En todo caso, y visto lo visto estamos concienciados de que eso es lo que nos espera y a este servicio lo llamamos jocosamente "buscar tornillos". Somos conscientes de que nuestra presencia real sobre el terreno, con vehículos y de uniforme se ve complementada por la labor callada y también sacrificada de los servicios de información, pero nosotros nos solemos llevar la peor parte, por obvias razones que no escaparán a un lector entendido.

Capítulo VI
6 de diciembre de 1978, el día esperado

Por fin hemos llegado al día 6 de diciembre, en teoría dos días más y de vuelta a Sevilla. A las seis de la mañana arriba, mi Sección, (treinta y siete hombres) comprendiendo Teniente, Sargentos, Cabos y Guardias, marchamos hacia Lemóniz, nuestra misión va a ser proteger la famosa y polémica Central Nuclear que construye Iberduero. Cuando llegamos puedo comprender la importancia de una obra de tal envergadura, es inmensa y está al borde del mar, de donde cogerá el agua para refrigerar el reactor, hay miles de trabajadores y está excavada en la roca pura, con el cubeto de la central de hormigón armado en forma de cúpula, dominando el gran boquete que han hecho a modo de sima gigante, nos asomamos al borde y la contemplamos.

Ello me hace recordar que un primo de mi mujer trabaja allí, pero sé que aunque me cruzara con él, no me hablaría. Se teme mucho a las represalias, nadie puede hablar con nosotros (excepto el carpintero de Munguía, conmigo), sin ser tildado de chivato o confidente, es la ley del silencio, implantada a base de terror y asesinatos, pero en fin, esa es otra cuestión de la que no hablaré mucho, aunque sí se desprende de todo lo que escribo.

En Lemóniz hay mucha Fuerza concentrada permanentemente del Móvil de Logroño, no se está mal, nos dicen nuestros compañeros. Algo más de dinero, hospedaje, agua caliente, comida abundante en autoservicio, aparte del de los trabajadores, televisión en color y según dicen, todo pagado por Iberduero, como misión, la seguridad exterior de la obra. Luego, pasaron la factura a todos los españoles, del monumental fracaso, cuando el proyecto se vino abajo tras la potente explosión que dañó la base del reactor un tiempo después y merced a los atentados y asesinatos, incluso el del mismo ingeniero director José María Ryan, vasco de nacimiento, ocurrido tras su secuestro el 7 de febrero de 1981, con el abominable, repugnante y consabido tiro en la nuca y a las duras manifestaciones en contra de su construcción, así como al peso del terrorismo a lo largo de los años, pero esa es otra historia que aún no conocíamos en aquellos días.

Almorzamos estupendamente, y como sobremesa nos dedicamos además de a proteger la entrada, a mirar el resultado del último atentado perpetrado contra el Puesto que protege toda la central, construido a base de casetas prefabricadas, tipo contenedor, situado a la entrada de todo el perímetro que tuvo lugar meses antes. Toda la fachada está llena de balazos, incluso una bisagra de la puerta está aún partida de un disparo, allí casi todos los Puestos tienen estas honrosas señales.

Podría decirse que tal circunstancia de cuarteles con vestigios de haber sido tiroteados es un timbre de gloria en la Guardia Civil, con tantos nombres famosos entre los que destacan el de Tocina. Años después, bastantes, siendo ya Teniente y mandando la Línea de la Guardia Civil de Rosal de la Frontera, esencialmente fronteriza con Portugal, en la provincia de Huelva, mi Guardia 1º Manolo, conocido en la localidad rayana de Aroche cariñosamente como "El Catalán" erudito y preparado en todo, me enseñó, en mi primera visita al cuartel de dicho pueblo, localidad llena de historia toda ella y hasta con su poblado de ruinas romanas, donde habitábamos un mísero e insalubre caserón, viejo, vetusto y medio derruido en su parte superior, lleno de ratas y palomas que en su día fue nada menos que la Casa-Palacio del Conde del Alamo, blasonado con escudo de armas en su fachada, cedido en alquiler durante el siglo pasado al Cuerpo, y mostró las tres gracias del mismo.

Primero su escudo de armas en piedra cincelada desafiando el paso del tiempo y mirando a la iglesia. Segundo, la Piedra del Negro, losa de granito grande, enorme, alargada, negruzca y usada a guisa de asiento-camastrón (aunque obviamente durísima y fría para tal menester) que hacía de banco de espera y cama nocturna en el rellano de la entrada a la oficina y que según la historia que él conocía, era donde dormía el negro que cuidaba del palacio. La tercera, los hierros doblados y la roseta embellecedora de la reja de la ventana que protegía la oficina del Puesto, atravesada por los disparos del asedio que tuvo lugar el 10 de agosto de 1936 y que resistió y desvió los impactos durante el ataque al mismo, de los milicianos desde la plazuela de la iglesia donde habían situado un camión blindado para ello.

La resistencia cesó cuando un escopetero disparó desde lo alto de la iglesia aledaña y que domina el cuartel por su superior altura, contra el guardia que, situado en la azotea, mantenía a raya a los atacantes, matándolo, sin que el defensor se diese cuenta de su presencia por estar en un plano muy superior y no esperárselo.

Volviendo a Lemóniz, el ataque ocurrió una noche en la que un grupo de etarras se presentó frente al cuartel y empezó a disparar creyendo que toda la fuerza dormía y que al ser contenedores de estructura prefabricada, las balas lo pasarían fácilmente, pero el Grupo que vigilaba el cuartel y la Central estaba situado en otro barracón, frente al mismo, así que abrieron fuego a su vez y los atacantes huyeron corriendo. Al amanecer se encontró a uno de ellos herido, tirado junto a un coche. A pesar del hecho fue auxiliado y trasladado a un hospital de Bilbao, donde al parecer murió al cabo de un mes.

Seguimos en Lemóniz hasta la tres de la tarde y entonces, desconociendo a qué se debe, nos mandan a vigilar los colegios electorales del munguiesado, se supone que algo se esperaría con respecto a la Central en las horas de la mañana.

A mí me toca cubrir el colegio de un caserío llamado Meñaca con dos guardias más. Es un núcleo pequeño, nos lleva el Land Rover del Puesto de Munguía sobre las cinco de la tarde, nos presentamos al presidente del mismo que es una mujer, le digo que estaremos fuera para cualquier cosa que necesite de nosotros. Indiferencia total por respuesta y nos salimos del salón donde están, es una escuela rural, nos apostamos en el porche, cada uno detrás de una columna, como sin querer, y nos callamos. El frío empieza a apretar y la noche se acerca, la gente que viene a votar no se da cuenta de nuestra presencia hasta que no están en la entrada de la escuela. Unos balbucean algo parecido a un "buenas tardes", otros, la mayoría, no dicen nada, lo cual es comprensible por un montón de circunstancias que a nadie se le escapan.

Pronto anochece, el frío arrecia, estamos en lo alto de un cerro al que le entra el aire por todos los sitios, los del salón han cerrado las puertas, tienen estufas, nos sentimos extraños a todos, incluso vemos como, si alguno se da cuenta de que estamos allí en la distancia, se da la vuelta y no entra a votar o a lo que viniese, pronto lo sabrán todos pues los que nos han visto se lo dirán a los demás del gran caserío que está situado un poco más debajo de donde estamos. Larga espera hasta las ocho de la tarde, en que se cerrará el colegio. A esa hora llega un señor mayor que me saluda diciéndome que es el Juez de Paz, que viene a cerrar el colegio y a levantar el acta correspondiente, es muy amable con nosotros, se ve que nos aprecia. Se cierra el colegio sin novedad.

Cumpliendo órdenes del Brigada de Munguía que nos ha llevado hasta allí me dirijo a un bar poco más abajo de la escuela, el único que hay por allí y que tiene teléfono para llamar al Puesto y decir que la votación ha terminado y que vengan a recogernos. Le digo a uno de los dos guardias que vienen conmigo que entre acompañándome para hacer la llamada. "O", que así se llama, me contesta que prefiere quedarse en la calle, me rio entre dientes, sé que está nervioso, más de lo normal, de noche todos los gatos son pardos y por allí hay poca luz. El bar, desde fuera, se ve lleno de gente, el otro llamado "E", accede a entrar sin complicaciones, entramos y saludo, nadie me contesta, de espaldas a la puerta efectúo la llamada, todo el mundo al vernos se han quedado quietos y callados, al volverme para decirle a mi compañero que si quiere tomar algo comprendo el silencio y la quietud de los parroquianos, mi compañero, como inocentemente los tiene a todos como encañonados, pues tiene el Cetme terciado, como siempre lo llevamos, eso sí, pero presto a todo. Yo me tomo un vaso de leche, lo abono y nos salimos.

Llega el vehículo y nos lleva directamente a la Base, el famoso día 6 de diciembre ha terminado para algunos de nosotros, son las nueve y media de la noche, a lo largo de la cual, seguirán llegando los demás desde los distintos puntos en los que han estado prestando servicio. Nosotros, de votar, ni por asomo. Pero protegemos que los demás puedan hacerlo en libertad, si quieren. Luego sabré que en todo el País Vasco ha votado menos de la mitad del censo.

Capítulo VII
La continuación

A partir de ese día la vida se normaliza, es decir, entra en la monotonía de la patrulla diaria, que no es poco, y al ir pasando los días se van agriando los carácteres de todos. No nos dicen que regresamos como esperábamos y nada sabemos, todo se está poniendo de mal color, tirando a negro, jugándonos el pellejo en las patrullas del Cos y recorriendo la zona Este de la provincia y sus pueblos.

Podría decirse que somos imprescindibles como refuerzo, y llegado el caso podrían decírnoslo, pero no lo hacen, aunque a buen entendedor… pues en las mismas circunstancias que nosotros están Valencia, que se quedó concentrada en Vitoria y León, que corrió la misma suerte pero en Guipúzcoa. Tal vez se deba a cuestiones que nosotros no llegamos a entender, o razones que solo el Mando puede saber, que todo se justifica con la manida y socorrida frase de "Cuestiones de Estado".

No se me oculta a mi caletre que hay que afianzar la democracia que se ha votado, recién parida hace unos días, que el repliegue del refuerzo que nosotros representamos es inconveniente hasta ver cómo discurre el ensayo, si bien nosotros no hemos participado como votantes, pues aún, lastimosamente no hay hábito de ello, pero bien es verdad que a la mesnada al servicio del reino que conformamos la Guardia Civil desde 1844, procedentes en nuestra gran mayoría de las regiones más pobres de nuestra España no se nos dice nada de las intenciones ni movimientos en que se nos va a emplear, con lo que quedan claros y están vigentes los versos de Calderón de la Barca sobre el asunto de la milicia y el ejército que rezan así: "Aquí la principal divisa es obedecer, y el modo en que ha de ser es ni pedir ni rehusar..."

Esta Guardia Civil a la que mi familia y yo pertenecemos desde hace cuatro generaciones, con lo cual, según las reglas de la hidalguía ya hemos logrado los Rojo, la principal y necesaria condición exigida para probar la "Nobleza de Sangre", pues dicha norma, pide al menos tres generaciones al servicio de una misma causa, cumplidas con largueza por ser, además de miembro, nieto, hijo, hermano y tío de guardias civiles, que sumarían hasta cuatro, dedicados a tal noble menester, al menos así la entiendo y la amo yo.

No, no se nos dan muchas explicaciones, o mejor dicho, ninguna, desde que murió Franco, que tampoco las daba, hasta estos días, en esta llamada transición que estamos viviendo casi a ciegas, con todo lo que está cambiando España, nada se nos dice, así que aprenderemos sobre la marcha y a aguantarse tocan.

Tampoco se me oculta que, ahora que tenemos una base democrática en la que basar la convivencia de todos los españoles, esa reciente Constitución, constituye unos cimientos sólidos y votados suficientemente con los que iniciar la andadura del nuevo periodo en España, que, emanando de la misma, con el poder de tal Ley de leyes, hará posible el desarrollo de todas la demás leyes que sean necesarias para aplicarla y para desarrollarla, pues se ha aprobado por mayoría en toda España, y precisamente por ello intuyo días y años muy negros. Eso creo yo, en materia de terrorismo, pues la nación sigue siendo en su texto, una sola y nosotros sus garantes, junto con el Ejército, de su integridad territorial, con respecto a los enemigos tanto exteriores como interiores, y los terroristas lo son.

Se supone que arreciaran en su ataque a todo lo que la misma proclama, define, significa y delimita, teniéndonos a nosotros enfrente. Y lo veo claro, perderán el pulso que nos echarán por muchas vidas que nos cueste su vil y criminal empecinamiento.

Acomodamos nuestro diario ir y venir tras nuestras misiones al local que se nos ha dado para estar juntos y comer, estrenado por nosotros, dado que el Campamento aún se está construyendo, un salón-comedor que da al campo, es decir, a las alambradas que circundan el mismo, con televisión y mostrador para nuestro asueto, al que bautizamos con el nombre de "Corral de la Pacheca", a guisa y copia de un remedo triste y desabrido de un Corral de Comedias que hubo en Madrid siglos ha, donde se inicia y escenifica la nuestra en particular desde hace días, relativa a nuestras vidas y que afecta a más de ciento veinte hombres, cuasi extranjeros en su propia patria, pues salir fuera en solitario y andar por la carretera hasta alcanzar el pueblo, e incluso dentro del mismo, lleva consigo unos riesgos no aconsejables.

Así, esperando volver a nuestra lejana Andalucía pasamos los días. Esto solo lo sabemos y vivimos nosotros y el personal de las tres comandancias y con nosotros, en forma parecida pero tal vez más dolorosa por los lazos familiares rotos, todos los vascos de la diáspora que se han tenido que marchar ante la extorsión y las amenazas a que son sometidos, a zonas de Andalucía, Canarias y Levante, donde se diluyen entre las poblaciones costeras sin llamar mucho la atención para no ser localizados, temiendo volver a su tierra aunque sea por un solo día si les es necesario, y esperando y tal vez anhelando que cese alguna vez su trágica situación de refugiados en su propia nación.

Capítulo VIII
Entierro de José Miguel Beñarán Ordeñana

En la mañana del día 21 de diciembre de 1978 en el llamado País Vasco Francés, es decir Sur de Francia, hizo explosión una potente carga de dinamita bajo un vehículo R-5, (según la prensa) de color naranja, que usaba para sus desplazamientos el máximo dirigente de ETA, José Miguel Beñarán Ordeñana, (a) Argala, causándole la muerte.

Se da la circunstancia de que en esas mismas fechas, cinco años antes, había sido asesinado por parecido método el Presidente del Gobierno de España Almirante Carrero Blanco, su conductor y su escolta.

Desconocemos más datos sobre el hecho, que luego, la historia y el devenir del tiempo irá aclarando en parte, pero por lo pronto recibimos órdenes, precisamente el día 23 por la noche, cuando mi Patrulla ya estaba en Guernica, Cuartel desde el cual algunas veces iniciábamos las mismas, donde por cierto solemos comer por las mañanas con el pan calentito que nos trae una panadera, simpática donde las haya, conduciendo su C-15, unos estupendos bocadillos de tortilla que nos hacen en la cocina del Puesto, sobre todo a media mañana, cuando el hambre acucia, pues bien, esa noche se nos ordena sobre las diez y media, que no patrullemos, que durmamos en los coches como podamos pues al día siguiente hemos de ir a Arrigorriaga, pueblo natal del citado Argala, donde con el tiempo, eso creo, darán su nombre a la plaza del mismo, cerca de Bilbao, ya que traen su cadáver desde Francia y en su pueblo serán los funerales, por consiguiente se espera jaleo y alteraciones del orden en su entierro.

Pasamos la noche como podemos y a las siete de la mañana, estamos de camino, llueve a ratos, el entumecimiento por la mala noche pasada y el frío dentro de los molestos además de incómodos Land Rovers, nos tiene ateridos. Llegamos a Galdácano y nos paramos allí un rato, el Cuartel de Galdácano es otro de los que ha sido tiroteado con el resultado de dos guardias heridos. Allí están ya los de Valencia, que han bajado de Vitoria, venidos para reforzarnos. Estamos las dos Compañías juntas. Hay una larguísima fila de vehículos aparcados a lo largo del arcén de la carretera, amanece poco a poco, muchos aún dormitan arropados por sus capas, esa capa española y civilera, de paño verde y grueso, arisca al contacto con la piel del cuello y la cara pero... de reminiscencias dieciochescas, incluso goyescas si me apuran, pues permitían embozarse con su pico, que haciendo funciones de manta, de almohada, de protectora de lluvias y relentes y de tantas cosas más ha caído en desuso con el tiempo dando lugar al anorak, que abriga más y es más operativo, aunque después del tricornio es y seguirá siendo la prenda que más nos identificaba, al menos entonces, dándonos una silueta inconfundible por los caminos de mi España.

Por fin recibimos la orden de marchar hacia Arrigorriaga, llegamos ya de día, ha dejado de llover; a su entrada, en una curva veo el Cuartel Central de la Policía Armada de Basauri, el campo de futbol del mismo, donde murieron tiroteados desde donde nosotros pasamos en ese momento, es decir desde la carretera, mientras jugaban al futbol, dos policías y otros diez resultaron heridos de bala. Está a unos cincuenta metros de distancia del arcén y tiraron a placer, primero contra las garitas de los centinelas, a los que inutilizaron y luego contra los que estaban en el campo jugando, una masacre, con la rara coincidencia de que el helicóptero, que siempre estaba preparado para salir, esa mañana se encontraba en el aeropuerto de Sondica. Mala suerte o buena información.

Sin lugar a dudas un fallo imperdonable en la seguridad, pero comprensible cuando se lleva mucho tiempo aquí y cede la tensión y se relaja la vigilancia, unido a que ellos casi siempre llevan la iniciativa en cuanto a día, hora, momento y lugar.

Entramos en el pueblo, vamos dejando grupos detrás para controles. Dentro ya, en una placita muy bonita que preside un edificio porticado, posiblemente el Ayuntamiento, están los grises (nosotros nos decimos los colores cariñosamente) hay muchos en todas las puertas y soportales (hay que proteger la cabeza de alguna aviesa maceta que se "caiga inocentemente" de algún balcón) están esperando desde antes que nosotros, cruzamos el pueblo lentamente y a su salida nos paramos, vamos a controlar las entradas por esa parte para evitar que haya concentración de gente. Solo dejamos pasar a los que son del pueblo, controlaremos hasta la estación del tren, paralela a la carretera pero más elevada, montamos el control que yo asumo bajo el mando de mi Teniente y empiezan las protestas. " Que si esta es la democracia que hemos votado". "Que no ha cambiado nada", en fin, son las órdenes que tenemos para no permitir que el funeral traiga más disturbios y posiblemente hechos lamentables. La gente se agolpa en las entradas y si no son vecinos les negamos el paso, muchos logran acceder al pueblo campo a través.

De pronto suenan disparos, mi gente se tira al suelo, más disparos, miro en todas las direcciones y los veo cobijados debajo de los vehículos y donde pueden, miro hacia el sitio de las detonaciones y veo salir del Cetme de mi Guardia "O" la humareda de nuevos disparos, son, en la distancia, como plumitas de humo blanco saliendo por su punta, creo que le están disparando a él desde unos pisos que tiene enfrente, salgo corriendo hacia los mismos para lo que tengo que subir el talud de la vía del tren. Tengo los pisos a unos ciento cincuenta metros, llevo el chaleco antibalas puesto, detrás de mí y siguién-dome salen corriendo cinco o seis guardias que estaban apostados en el edificio del retrete de la estación, todos tirados en el suelo y expectantes de lo que está pasando, pues desde allí no dominan la situación, no tienen campo de visión, corren apoyándome, cruzamos corriendo las vía, en ese momento van a efectuar el cruce en la estación dos trenes de mercancías, el maquinista nos ve, pita y silba desaforadamente, mantiene el pitido, no puede frenar en unos metros, por fin los míos me escuchan y logran apartarse en los últimos momentos, son dos los que han estado en más peligro de ser arrollados, descuartizados o Dios sabe qué. Se llaman "R" y "L", son valientes, me han apoyado.

Cruzamos las vías y descubro el motivo de los disparos, uno de los nuestros, "O", precisamente el que no quiso entrar conmigo en el bar a llamar por teléfono el día seis, le ha echado el "Alto a la Guardia Civil" cuando controlaba el túnel que, pasando por debajo de las vías, da acceso a la barriada que tenemos enfrente, a un grupo de tres individuos, y ellos al verlo echaron a correr huyendo. "O", creyendo a su vez que iba a ser víctima de un atentado o algo así, según me dijo, disparó al aire y logró detener a uno de los que corrían, que se paró, disparó más tiros al aire y los otros dos se fueron. Mi gente intenta seguirles y buscarlos por la barriada por la que se han metido, yo les hago desistir de ello, podrían caer en una trampa. Más tarde se entregaron al Servicio de Información nuestro que tenía hombres en la barriada vestidos de paisano que cuando han pasado por el control se me han identificado reservada y discretamente, por lo que yo sabía de su presencia en la misma.

Me ha gustado mucho la reacción que han tenido en un momento de tanta tensión los guardias que mando, son de mi patrulla, "L" y "R", ambos "Hijos del Cuerpo" han estado a la altura de las circunstancias y los felicito. "L" y "R" son carácteres distintos, pero ambos sirven para la guerra, "L" serio y responsable, lo quiero a mi lado tanto en la anodina y monótona vida de guarnición como en la guerra, como a muchos otros, a "R", preferiblemente en la guerra, y me siento orgulloso de los dos.

Los detenidos son simpatizantes de ETA y se justifican diciendo que la presencia del Guardia "O" les sorprendió, tuvieron miedo y por eso corrieron, son trasladados a la Comandancia de Bilbao.

Informo del incidente a mi Teniente y le pido que releve del sitio donde está al Guardia "O", por entender yo que es lo más conveniente. Mi Teniente accede a ello y lo cambia de Puesto.

El Guardia "O" será el primero de la Compañía que pedirá la baja en el Cuerpo, días después, parece ser que por su profesión anterior se situará fácilmente en la vida de paisano. Se le concede.

En nuestro control han sido detenidos dos etarras de los más importantes en su organización, intentaron entrar en el pueblo andando y un compañero de Guernica ha reconocido a uno, es el famoso Totorica, amnistiado en 1977, se los llevan a los dos a la Comandancia de Bilbao, no oponen resistencia alguna y supongo que pronto serán puestos en libertad de nuevo tras identificarlos suficientemente.

Seguimos controlando y como la gente no puede entrar en el casco urbano se dirigen a Basauri, donde posteriormente se manifestarán. Los grupos pasan delante de mí y sostengo miradas indescifrables durante la comitiva, miradas que a mí se me antoja buscaban en mis ojos, ojos perversos, taimados, malévolos, ojos de satisfacción por la situación, pero ninguna de tales cosas han podido ver, pues yo, de tanto sentir, no sentía nada, por eso sostenía limpiamente, sin ningún atisbo de miedo o vergüenza por mi presencia o actuación allí, tal vez ellos esperaban apreciar en mi, devolviendo con limpieza y serenidad las miradas que me han dirigido, en particular las de algunas mujeres. Los hombres, y no sé por qué, la mayoría miraba al suelo, tampoco me importa, pues nada les he hecho.

Marchan silenciosos, hombres, mujeres y niños, la cola de vehículos es larga, si bien todos locales.

El helicóptero desde el aire nos da noticias de hacia dónde se encaminan, los que no han podido entrar rodean el pueblo desde las alturas de las lomas circundantes y parece que estamos rodeados como en las películas del oeste.

Al caer la tarde se nos ordenó retirarnos.

Capítulo IX
La Navidad y otras cuestiones

"… es Nochebuena, y el día de Navidad escribí estas líneas que ahora anoto aquí y paso a limpio sobre la cena".

"Ha sido fabuloso, el colofón, en la cena de Nochebuena, mi gente ha explotado de sentimiento con su canto por sevillanas, "Algo se muere en el Alma", "Andalucía guapa, gitana, mujer morena…" y otras conocidas, solo otro andaluz, como es mi caso, puede notar en esos cantes de pena y gloria, de amor y jolgorio la grandeza y tragedia de Andalucía, es Nochebuena, son ya las doce y media de la noche, es decir, Navidad, acabo de cenar con mi Compañía, hemos estado en el comedor, nuestro querido y socorrido "Corral de la Pacheca", que en su triple función de comedor, sala de estar y refugio de la soledad que sentimos a pesar de estar juntos, hace y cumple más bien que mal, tales funciones a guisa de un hogar normal, de lo contrario, para pasar el tiempo, dado el frío que soportamos, el que no quiera estar allí mucho tiempo, tiene que irse a la cama cuando no se está de servicio, para estar calentito, y aunque no duerma, poder leer.

Ambientado pobremente, el "Corral", con sus desnudas paredes, con velas soportadas en vacíos botellines de cerveza adornando las mesas, intentando crear y evocar un ambiente cálido y navideño, y eso sí, servidos por soldados canarios que se han prestado voluntarios para hacerlo, soldados del Regimiento donde estamos, hermanos de pobreza y de distancia geográfica a los que, como humilde y no pedido premio, como agradecimiento por su acción, al final les hemos regalado una gran ovación por su regalo, puestos en pié, en señal de cariño. Los hombres se unen en la evocadora noche de la familia en estos días tan señalados, y es muy de agradecer el detalle que han tenido. Podría decirse que en la lejanía hemos ahormado, creado espontáneamente otra familia, una familia de origen sureño, que ha suplido, si no con creces, sí suficientemente a la verdadera y ausente. Ha sido muy bonito y sentimental y me ha llegado al alma. "Noche de paz".

La cena ha estado precedida de una larga, larguísima espera, pues las otras dos secciones (una Compañía tiene tres) han regresado del servicio sobre las once. A esa hora hemos entrado a cenar: consomé, merluza fría y pavo con guarnición, mantecados bilbaínos (malísimos) café, copa y puro, luego, cantando el corazón se nos ha henchido de gozo, pena y algo más que es difícil de explicar, todos hemos cantado y a la vez, casi sin darnos cuenta, rezado pues creo que en mi Andalucía el canto y el rezo se mezclan, se confunden, son una misma o parecida cosa, una expresión del espíritu en el que la pena y el cantar ahogan la garganta y así se le da salida a los sentimientos. Liberamos nuestra alma.

Al cantar se afloja ese nudo de la garganta, que en un momento de emoción no deshacen licores ni bebidas, hasta que la respiración y el corazón se acompasan al mismo ritmo, por ello me dije, tengo que contarlo, tengo que dejar constancia. España debe saber y conocer lo que significa un pueblo que canta y trata sus penas y sus alegrías así, y que no se arredra ante amenazas de bombas o metralletas, en ese momento los temores y recelos que durante días nos han acompañado, como lógica precaución, han desaparecido, nadie podría pararnos, ni lo hará, es la tragedia de mi tierra, destinada a surtir y nutrir con sus hombres, filas de servidores de España que no son solo suyas, y misiones que lo son de todos los españoles, pero que parece que por un designio fatal, tal vez el de la pobreza, haya recaído sobre andaluces, extremeños, gallegos y castellanos. Esta patria que, se me antoja a mí, es de todos y todos hemos de defenderla. "Ha sido un día de emociones".

Después, pasaron muchos días, el capitán que vino agregado forzoso al mando de la Compañía cuando salimos de Sevilla se ha marchado a su anterior destino y ha venido otro destinado ya con carácter voluntario, quien por cierto es malagueño como yo, que nos atiende y se preocupa de nosotros como lo hacía el anterior, y en su charla de presentación y saludos nos dio ánimos pero también nos desanimó un poco, pues nos dijo que de regresar, a lo que él sabe por las reuniones que mantiene en Bilbao, por ahora, nada de nada, y además que no era optimista al respecto.

Después de aprobada la Constitución, el programa del Gobierno era el siguiente: Elecciones Generales a Cortes el próximo 1º de marzo, y las Municipales el día 3 de abril (mi cumpleaños) y por ello, sin nadie decirlo, todos empezamos a pensar en abril y a conformarnos, como fecha posible de nuestro regreso.

En el aspecto más desagradable o quizás, lamentable pero real, al menos para mí, de esta concentración, está la cuestión de las peticiones de baja en el Cuerpo, que han comenzado a primeros de mes, pues al cundir el desánimo por la incertidumbre que narro anteriormente y tras la baja de "O", que fue el primero, son tres o cuatro guardias los que, cada mes la solicitan, casi sin decir nada a sus compañeros, como con pena interior, calladamente, sin apenas comentárselo a nadie, como una cuestión meditada y personal, pasan por la oficina que tenemos allí, es decir la Plana Mayor, que también se ha desplazado a todos los efectos y firman la solicitud, cuyo cese se publicará en el Boletín Oficial del Cuerpo con la coletilla de "Causa baja en el Cuerpo a petición propia el guardia 2º don... el día..." que se producirá a su publicación, generalmente el día 30 de cada mes, dándose la curiosa circunstancia, por llamarla de alguna forma, que por cierto no mereció la aprobación de todos, o de casi ninguno, de que uno de ellos, el último que pidió la baja, una vez publicada, y, coincidir en esos días con el traslado de la Compañía, pasados muchos meses, a Málaga, solicitó y se lo concedieron por gracia especial anular la orden y ser readmitido, en lo que mediaría para lograrlo, estoy casi seguro, nuestro querido Capitán, no obstante ello… no sentó bien a los demás.

Evidentemente, estas lamentables situaciones de pedir marcharse, tras tantos años de servicio, como era el caso de todos los que se fueron, se daban ante las dudas de nuestro futuro allí y posiblemente por la presión de las familias que nos esperaban temerosas, día a día, de que volviésemos de cuerpo presente, víctimas de algún atentado.

La cuestión de las bajas se soluciona rápidamente, por telefonemas, dado que la Compañía tiene muchísimas peticiones de guardias de Andalucía, Extremadura, Ceuta y Melilla, así que ante ello se les comunica a los peticionarios que si siguen interesados en pasar destinados a la misma, y que por el orden de petición, le toca a él, que sepa que en esos momentos la Compañía se encuentra concentrada sin fecha de regreso en el País Vasco, así que si no quiere pasar destinado ante tal circunstancia, se le explora la voluntad antes de destinarlo, y si dicen que no, tienen que renunciar a la petición para que el turno corra, y tras algunas renuncias, tal vez lógicas, siguiendo tal sistema, siempre hay en este digno Cuerpo al que pertenezco, sin que eso sea una crítica para los que renuncian, alguno que diga que sí, que quiere pasar, que acepta irse al Norte y así se van incorporando rápidamente y cubriendo los huecos al mismo ritmo que se producen las bajas, llegando gente muy valiente, dicho sea en su honor, y sin menoscabo de los demás.

Este goteo de peticiones de baja hará que un total de ventidos guardias de la Compañía la soliciten, hasta que se acabe la concentración.

A finales del mes de diciembre nos dan ocho días de permiso en tres turnos, para ir a ver a la familia. A mí me toca en el primero, alquilamos un autobús y nos vinimos esa misma noche, estamos muy contentos y llegamos a Sevilla a las cinco de la tarde del día siguiente, quedamos en regresar el día 5 de enero a las doce de la noche, así que todo el día de Reyes lo pasamos viajando.

Al llegar a Vitoria nos enteramos por la radio de que en Llódio han ametrallado a un compañero, pero gracias a su suerte solo tiene tiros en las piernas. La presión se acentúa sobre nosotros, han comenzado unos años que serán terribles, los llamados años de plomo, con más de cien muertos anuales en toda España pero para algo estamos allí.

Por el camino Radio Nacional ha ofrecido una entrevista con gentes del pueblo onubense de Higuera de la Sierra con motivo de su famosa Cabalgata de Reyes Magos, la segunda más antigua de España, después de la de Sevilla y desde luego un espectáculo precioso, y por descontado la más bonita, real y lograda que he visto. Ello me entristece algo pues yo además de conocerla, estuve destinado en Higuera un año largo antes de irme a Sevilla y conozco a algunas de las personas que hablan de ella en la radio, en ese momento el autobús cruza tierras de Burgos y simplemente me emociono y me callo todo eso que me es tan familiar, viajo en el último de los asientos, hace mucho frío fuera, trago saliva y trato de ponerme contento yo solo.

Llegamos a Munguía sin más novedad, y al instante estamos en el Campamento de Soyeche, del Regimiento Garellano. Este permiso nos ha hecho comprender que de aquí no nos iremos fácilmente, así que volvemos a la rutina de las patrullas diurnas y nocturnas.

En la última manifestación contra Lemóniz, celebrada en Munguía, donde todos los manifestantes se identifican porque llevan calzado para correr, conseguimos desalojarlos de las vías del tren a fin de que no dispusieran de tantas piedras para tirárnoslas, y como curiosidad lo que me decía un niño de unos cuatro años al pasar junto a mí de la mano de su madre, que me repitió con poca lengua y mirando hacia mí, "*Chacudda, Chacudda*", y al decirle yo a la madre que qué decía el niño, dijo "nada, nada, no sabe lo que dice".

En realidad, me estaba llamando perro, pero no le salía bien el vocablo de chacurra, o algo así, pues todavía hablaría poco, pero eso sí, me lo dijo y me lo repitió, pues se lo habrían enseñado sus padres. ¡Vaya por Dios!

Capítulo X
Conocimiento del terreno

Ese mismo día 6 de enero, es asesinado en Beasain el Guardia Civil Antonio Ramírez Gallardo y su novia Hortensia González Ruiz, mediante ametrallamiento. Los atentados no cesan de producirse y además no solo en el País Vasco, cada pocos días se produce alguno, preferentemente contra nosotros, la Policía y Mandos del Ejército, y lo que es más descorazonador aún, el compañero herido de bala en Llodio en las piernas, murió al mes en el hospital de Bilbao.

Patrullamos de nuevo. Tenemos tiempo para adaptarnos de sobra a las circunstancias y pormenores de la zona que vigilamos, la conocemos bien en lo que son accesos y salidas de todas las poblaciones de nuestra área asignada, Durango, Bermeo, Ispaster, Elanchove, Guernica-Luno, Marquina, Plencia, Lemóniz, Munguia, Baquio, y tantos caseríos conectados por caminos asfaltados y nos relacionamos con el personal que, destinado con carácter fijo, e incluso, como no podía ser de otra forma, con los que, veteranos ya, y pertenecientes a distintas Comandancias, prestan sus servicios por turnos forzosos como concentrados por cinco meses (ellos sí saben el tiempo que durará su concentración) agregados en los distintos Puestos de las tres Comandancias vascas, a todos los cuales "arropamos" todo lo que podemos, con nuestras llegadas matutinas, vespertinas y nocturnas, sin que nunca se sepa la hora en que vamos a llegar, dándoles más seguridad con nuestras potentes y fuertes patrullas libres de horarios fijos. En cuanto al número de las visitas, que hasta pueden repetirse si lo cree conveniente el que la manda, bien sea Sargento o como generalmente es, Cabo. La cuestión es estar atentos a donde surge la emergencia y tener pronta reacción.

De todos los atentados que constantemente se producen, el más cercano a nosotros hasta ese momento ha sido el del Jefe de la Policía Municipal de Munguía, César Pinilla Sanz, ocurrido el 12 de febrero de este infausto año de 1979, asesinado ante la puerta de su casa de un tiro en la nuca, y, como siempre, nadie ha visto nada, el miedo cierra las bocas, cuando no son cómplices o simpatizantes de los asesinos. Varios compañeros nuestros llegan a tiempo de recogerlo de la calle y meterlo dentro de su casa, dado que el Campamento donde estamos dista solo unos tres kilómetros del casco urbano de Munguía y se nos ha comunicado, antes han de socorrer y apartar a su mujer que llora desconsolada encima de su cadáver. Por la forma del atentado, tiro en la cabeza, hay poca sangre en el suelo. Un mal trago donde los haya. Este hombre debía haberse marchado ya un mes antes de allí, aunque ello conlleve una cesión de terreno ante el avance del terrorismo, pero estaba amenazado y vendido, cuando iba y volvía solo a su domicilio.

Se daba el caso, según me cuentan, que en su mismo bloque de viviendas se había detenido hacía un tiempo al autor de la colocación de la primera bomba contra la central nuclear de Lemóniz, un etarra al que se le intervinieron cincuenta kilogramos de explosivo Goma 2 y noventa millones de pesetas, productos estos, del atraco a la nómina de Altos Hornos de Vizcaya.

Es más que probable que los hechos del asesinato de César y la detención del etarra estuviesen relacionados, o que ellos los asesinos lo entendieron así, pero yo no lo sé, lo que sí sé es que el etarra trabajaba en Lemóniz como montador, que no se le conocían actividades terroristas y me cuentan que incluso daba los buenos días cuando pasaba delante del Cuartel de Munguía, cosa que no hacía casi nadie.

A preguntas mías, el veterano del Puesto que lleva trece años allí, me lo describe como un poco simplón o atontado, pero del que él, que conoce a todo el pueblo, nunca se fió.

Este veterano, con el que en mis visitas me gusta hablar y que me cuente cosas, está tan integrado entre la gente del pueblo, que, cosa rarísima, todo el mundo, si él está prestando servicio de puertas, lo saluda cortésmente al pasar por la calle, la gente lo quiere, le llaman el guardia vasco, y a todos los que puede les resuelve problemas administrativos y de armas, es extremeño, le digo que no se fie en absoluto, me dice que no , que de la gente del pueblo él se fía, pero que alguna vez puede venir alguien que no lo conozca, es un hombre ya mayor, tiene pedido pasar a la Comandancia de Badajoz, cree que pasará en breve, sabe tratar a la gente y se ha hecho querer, cosa difícil allí, pues el que habla con nosotros corre el riesgo de ser tildado de chivato y una vez llega a decirme, que mientras él esté allí al Puesto no le pasará nada, pues cuando se produjo el atentado contra el mismo, que fue ametrallado, él se encontraba de permiso. Ojala tenga suerte y salga pronto destinado, aunque su ilusión hubiese sido quedarse allí tras su retiro, pues tiene muchos amigos y toda su vida militar ha estado en Bilbao.

Frente al cuartel hay una carpintería abierta en la que hay un viejo carpintero con el cual, cuando estamos en Munguía charlo y lo saludo, dados mis conocimientos de carpintería y lo agradable que es el olor a madera. Un día se sinceró y me dijo que a él no le importaba hablar con nosotros, que no le tenía miedo a nadie del pueblo, que había luchado contra Franco en la guerra y perdido, pero que aquella lucha era distinta, cara a cara y no a traición, que él era comunista y que incluso sobrinos suyos estaban metidos en "eso", pero a él le daba igual y no estaba de acuerdo con ellos y con su proceder.

Otro día le pregunté, inocentemente, pues no se puede saber todo, por el motivo de que le tuviese puestos dos cuernos de toro tan grandes y a los lados dos banderas rojas en la puerta de su carpintería el día de San José, patrón de los carpinteros, y por ende patrón suyo.

—¿Por qué va ser? me dijo, con el tono entrecortado y enfático del habla de los vascos, que se cubren con boina haciendo un piquito a guisa de visera en su frente, poniendo especial acento en cada palabra. ¿Acaso no es hoy el día del mayor cabrón de la historia, que su mujer parió sin tener relación con él?

—¡Bueno, bueno!, eso me pasa por preguntar. Me quedé de piedra.

Sobre el terrorismo me dice que la juventud está totalmente equivocada, que él era internacionalista y no estaba de acuerdo con nuestros asesinatos, pero que nada podía hacer, así como que su jefe Roberto Lerchundi, a pesar de haber sido de ETA anteriormente, ahora era quien más enérgicamente la condenaba dentro del espectro político vasco, cosa que realmente era así.

Meses después, uno de los dos etarras detenidos en Munguía, era uno de sus sobrinos.

Días después, estando en Guernica de patrulla nocturna que mando, el radioteléfono nos dice que momentos antes sobre las cuatro de la madrugada, se ha producido un atentado en Guipúzcoa contra una patrulla nuestra y todos nos ponemos a la escucha, a esperar órdenes, al momento amplían la noticia, son dos guardias los muertos por la metralla de la bomba, pero no es eso todo, al ir un grupo a socorrerlos, al reconocer el terreno metiéndose en el monte, ha hecho explosión un segundo artefacto y matado a otro guardia del Tedax (Técnico en desactivación de explosivos) resultando heridos otros dos, es una noche negra y desde entonces descartamos que el servicio de noche sea algo más seguro que el de día, a todas horas nos pueden atacar.

La esposa del último guardia muerto, experto en explosivos, en el sepelio del mismo, al darse los vivas de rigor, gritó sola y fuertemente:

—¡Viva mi marido, que era un valiente!, llena de dolor y sentimiento. Precioso y sobradamente triste y explícito.

Llega por fin, tras muchas penas, frío y hechos que no narro, el 1º de marzo, Elecciones Generales, nosotros, como antes digo, no votamos, nadie se preocupa de ello, y los que menos nosotros, no contamos para nada, bastante tenemos con hacer lo que se nos dice y ordena. La vida se ha ido agriando y algunos beben ya más de la cuenta, ese día me toca patrulla en la zona de Durango, nuestro Capitán, con mucha habilidad, ha conseguido que no estemos presentes permanentemente en ningún colegio electoral en concreto, sino en todos los de la zona, así que damos vueltas por ellos y así estaremos más seguros, no ofreciendo un blanco permanente, hace mucho frío, todo está nevado.

Intentamos subir a vigilar un repetidor de televisión que desde que empezó a nevar está solo y no lo conseguimos, los coches suben pero el camino está cada vez peor, desdibujado, impreciso, podemos patinar e irnos ladera abajo, si no subimos nosotros no creo que ellos suban para volarlo, así que informo y desisto.

El paisaje desde arriba es precioso y regresamos a Durango, todo transcurre con normalidad y al final de la jornada, vuelta a la Base. Curiosamente compruebo que los días de elecciones son los más tranquilos, tal vez porque estén más ocupados o escondidos dado el refuerzo de todo tipo de servicios.

La televisión nos dice que ha ganado la UCD.

Capítulo XI
Mi primer paquete de correos

El día 15 de marzo estoy libre de salir de patrulla, entre otras cosas que pasan tenemos la buena noticia de que la gente que estaba concentrada y que vino en noviembre del año pasado, la que yo vi marcharse desde el Acuartelamiento de Eritaña, donde se había fijado el punto de reunión, precisamente el día uno de aquel mes, se han marchado desconcentrados, han regresado contentos, lo que no sé es si todos lo han conseguido o alguno se ha quedado en el camino, pues me estoy refiriendo a las tres provincias.

Son gente reunida cada uno de un Puesto de toda España para los turnos de concentraciones, sean del tipo que sean, largas o cortas, y con la idea de ser lo más justos posibles, esa carpeta de concentraciones se mantiene siempre abierta en todos los Puestos del Cuerpo, pase el tiempo que pase, la norma es que el último incorporado al mismo es el primero que saldrá concentrado cuando sea necesario, luego, los demás han de pasar por el turno antes de que él vuelva a repetir.

No siempre, pero sí es verdad que a los concentrados les toca, allí a donde van, los servicios más sacrificados, de lo cual, nosotros, al estar juntos todos en el mismo sitio y no diseminados, escapamos algo, pero no obstante algunas veces nos ha tocado reforzar individualmente la Comandancia de Bilbao, como es mi caso como Jefe de la Guardia de Prevención durante venticuatro horas, pero resuelta sin ningún problema mayor, ni incluso procedente del grupo de arrestados del Cuerpo, de los cuales, por distintos motivos cada uno, me tuve que hacer cargo, y que estaban en el llamado calabozo.

Por lo demás, prácticamente solo hacemos las arriesgadísimas y peligrosas patrullas, y tenemos, eso sí, iniciativa propia dentro de una serie de premisas durante las mismas.

En ocasiones, trazando nuevas rutas he llegado a pasar de un valle a otro atravesando los montes que los separan, usando los caminos forestales y de caseríos que los unen, asfaltados todos, dándose la circunstancia de que los campesinos, al vernos pasar dejan sus tareas, generalmente de siega de alfalfa y pasto para el ganado y apoyándose en el mango de la guadaña para descansar del esfuerzo nos dicen espontánea y sinceramente adiós, saludándonos con la mano, tanto mujeres como hombres, pues a ellas se les ve trajinando en el campo tanto como a ellos, con muestras de simpatía a las que nosotros, todos los vehículos, correspondemos. Es, claro está, el País Vasco profundo, que no está envenenado por el separatismo, que no tienen la inquina o el miedo de algunas personas de las ciudades, y yo hasta diría que les alegra el día y su bucólica soledad al vernos pasar por zonas en las que no es habitual ver una caravana de vehículos verdes normalmente. Así conocemos mejor los atajos para un caso necesario o emergencia.

Esa mañana del día 15, al cruzar la explanada del Campamento, el Cabo "M", me llama a voces y me hace señas formando un cuadrado con las manos, lo entiendo y voy a correos o cartería del Regimiento de Infantería Ligera Garellano 45, en cuyo Campamento de Soyeche estamos hospedados, y yo, como un soldado más del mismo, recojo mi paquete felicísimo de que alguien se acuerde de mí.

El Regimiento debe su nombre, dicho sea de paso, mediante el cual rinde homenaje, recuerda y da memoria a la gran victoria obtenida en 1503, por el Gran Capitán Gonzalo Fernández de Córdoba (la última que libró) al servicio de los Reyes Católicos, contra el francés en tierras italianas a orillas del río Garellano, por la disputa del Reino de Nápoles, con la que se consiguió afianzar el dominio de la corona de España en el sur de la actual Italia.

Es un paquete que me ha mandado Maribel, mi esposa y hace días que lo esperaba, trae de todo lo que me gusta, soy goloso, lo abro en el bar del "Corral de la Pacheca" en presencia de los demás y me abuchean bonachonamente, por su contenido cuando saco chocolates, caramelos, turrones, mazapanes, mantecados e incluso leche condensada y cosas parecidas, amén de tabaco, pues entonces fumaba, así que reparto lo que puedo entre ellos y nos reímos un rato, ha sido una experiencia de casi "mili", la cual yo no he hecho por ser hijo del Cuerpo y poderla hacer dentro del mismo.

No es la primera vez que, estando de servicio, sobre todo otros cabos que sí tienen confianza para ello, me abren la cartera de caminos, que todo guardia civil tenía que tener y llevar, antaño con los nombres de los reclamados por la justicia y órdenes esenciales en sus servicios de correrías a píe o a caballo de hasta ocho días de duración, de cuero negro y que yo sigo usando para todo menester, pues realmente cumple todas las funciones de bolso austero, serio y reglamentario, dado que no hay nada nuevo bajo el Sol y que llevo siempre conmigo. Ellos me la abren y me cogen alguna pastilla de chocolate o alguna naranja o fruta en las altas horas de la madrugada en las que, estando de servicio, se despierta el apetito y se la comen por la cara, pero... qué le vamos a hacer, saben que siempre llevo algo y abusan entre risitas indulgentes por mi parte.

Otra noticia que nos ha traído ese día 15 es el escrito de despedida de nuestro General Jefe de la 2ª Zona de la Guardia Civil, el de Sevilla, fechado el 20 de febrero de 1979, que se ha marchado, es decir, que ha pasado al Grupo B, y claro, como era nuestro jefe, pues la Compañía de Reserva está a sus órdenes directas cuando estamos en Sevilla, nos manda un escrito-arenga en el que nos alaba, ensalza y glorifica por nuestro sacrificio al servicio de España y dice lamentar nuestra situación.

Nos ha dejado en la estacada, que era, salvando las distancias en el tiempo, a donde mandaban a los romanos de las Legiones cuando se desplazaban por terreno hostil, como ahora se dice, y teniendo que pernoctar en el camino que tenían que cubrir. Al llegar la noche, hacían un gran cuadrado que rodeaba el Campamento, defendido por un foso y un talud de tierra que erizaban de estacas puntiagudas clavadas en la tierra, que siempre llevaban para tal menester, apuntando hacia fuera por si eran atacados por sus enemigos en la oscuridad. La estacada era el lugar más peligroso, y allí, a vigilar la misma toda la noche iban los que el Centurión que los mandaba decía de centinelas, de ahí la frase y el sentido de mucho riesgo, era, obviamente el peor sitio del Campamento.

Por otra parte no comprendo la tardanza en llegar el escrito, o en su caso enseñárnoslo; lo leo y pienso que a buenas horas mangas verdes, que también sé el sentido de esta frase pero no lo voy a contar por ahora, no quiero aburrir al que me lea.

Seguimos con las patrullas, nuestra meta es ahora el día 3 de abril, y durante las mismas empezamos a reírnos de nosotros, cantamos algo y lo pasamos lo mejor posible, lo mejor que lo podemos pasar dentro de un vehículo que recorre kilómetros sin parar, pero siempre de buen humor, pues a menudo ocurre algo gracioso o lamentable.

Un día perseguimos un vehículo que nos ha hecho una infracción de tráfico, que nos ha llamado la atención. Con un vetusto Land Rover es imposible alcanzar a un turismo, es por la tarde, voy en el último coche, el vehículo se nos mete por una serie de caminos de caseríos y oscurece, ya es de noche, vemos luces al fondo y nos dirigimos al lugar, cuando llegamos es otro tipo de vehículo, un 600, total, media vuelta, y al hacer una maniobra en falso, uno de los Land Rover se sale del camino y se mete en un huerto de habas, está a pique de volcar y lo tenemos que sacar como podemos.

Regresamos al cruce donde iniciamos la persecución y al poco rato se presenta el vehículo que habíamos seguido, lo registramos, identifico al conductor, un hombre joven que está temblando no sé si de frío o de otra cosa, tras registrar a él y al coche, no encontramos nada raro. Ha tenido tiempo de soltarlo si es que llevaba algo como armas o explosivo Goma 2. Pido datos del mismo al Cos y está "limpio", no tiene antecedentes. Lo denuncio por haberse saltado el STOP al principio. Código de la Circulación, artículo 25-E, cinco mil pesetas de multa y posible retirada del Permiso de Conducción. Seguimos.

Posteriormente, en la zona donde hemos estado se descubrirá un caserío con muchas armas y explosivos. Sería deseable más coordinación entre nuestros servicios, pero yo nunca sabré si este individuo era o no de la ETA.

Patrulla de nuevo por la mañana, estamos en el Cuartel de Durango, que limita con la provincia de Guipúzcoa por el Este, cerca de Ermua, donde algunas veces compramos navajas marca Aitor, en plena huelga del metal que ya lleva unas dos semanas enconada. Hay un piquete que quiere "sacar" a los trabajadores de una fábrica y que paren, el dueño llama por teléfono para que vayamos, me toca a mí, a mi patrulla, no es una cuestión en la que debamos actuar a fondo para que todo discurra mejor, no obstante nos desplazamos, cuando llegamos al sitio ya no hay nada, las huelgas no son nuestro cometido especial, sino de los Puestos. Un empresario ha disparado su escopeta contra un piquete en otra fábrica y herido a dos trabajadores, le auguramos muchas dificultades y represalias si no se cuida.

Ya antes de que llegásemos a Durango, esa misma mañana, en Amorebieta llegó otro industrial pidiendo que interviniésemos en su fábrica, que otro piquete quería sacar a los trabajadores y pararla, pues de esa forma se iban sumando al paro, los de fuera dicen… y los de dentro acceden. Manifestó que había llamado a "La Salve", acuartelamiento central de Bilbao, nuestra Comandancia y que le habían dicho que el Comandante de Puesto no llegaba hasta las nueve, pues había estado toda la noche de servicio, uno de los guardias de protección del cuartel lo llama y espera que se levante, él es el que tiene que decidir si interviene o no en asunto tan peliagudo. Yo me marcho con mi gente, sigo la patrulla, no sé en qué quedará la cosa, entre piquetes anda el lío, y la Guardia Civil por medio, se deduce que el Gobernador Civil no quiere que se intervenga, se me dice que ojo con llamar piquete a los piquetes, que hay que llamarlos "comités de huelga" y tratarlos con cortesía exquisita, aunque no sea así como ellos tratan a sus compañeros que no quieren sumarse al paro, de modo que esas tenemos como problema añadido.

En otra fábrica de Durango estamos ya delante de la misma unos cuarenta guardias civiles y se presenta un piquete, hay un momento de gran tirantez pues los trabajadores no han querido parar y la dirección de la fábrica menos. Permitimos que hablen cuatro de ellos con cuatro del Comité de Empresa, buscando la menor coacción posible, los demás esperan fuera, son muchos y nosotros convidados de piedra al asunto, las miradas de mala uva no nos las quita nadie, pero… ya han conseguido hacer parar varias empresas y cuando salen se van sumando al grupo, de ahí que sea tan numeroso, finalmente esta para también, la mayoría de los trabajadores son de otras regiones, nos confiesan por lo bajito que han cedido y parado por miedo a las represalias, pues ellos están de acuerdo con el Convenio Colectivo que tienen. Allí se fabrican carburadores. Seguimos…, que no es poco la patrulla con el problema añadido de la huelga.

Capítulo XII
Cambio de ministros

La lluvia es diaria aquí, y el clima no nos gusta, no así el paisaje, que es precioso, parece un Belén viviente, y aguantamos el frío y las inclemencias como podemos.

Nos han cambiado al Ministro del Interior, ha cesado Martín Villa, el que nos hizo el sustancioso y justo aumento de sueldo hace años, cuyo recuerdo perdura entre nosotros, uno de los pocos que se ha preocupado algo, y me digo:

—!Dios qué buen vasallo si hubiese buen señor¡ Que diría el conocido y crítico par de versos del *Cantar de Mío Cid*, refiriéndose a él y a su rey y marcando las distancias entre ambos claramente, y yo lo traigo a colación para referirme a nosotros, al sufrido y abnegado y obediente y leal cuerpo de la Guardia Civil, tan lleno de necesidades, la mayoría de las cuales se dejan para más adelante... aunque en los versos he cambiado lo de "hobiese" como se dice en el original, por hubiese, por ser aquel castellano antiguo y para que mejor se entienda.

Su sustituto es el General Antonio Ibáñez Freire, vasco de Vitoria. Ha sido Director General del Cuerpo poco antes, exdivisionario, es decir, que participó en la División Azul que fue a Rusia mandada por Franco a luchar a favor de los alemanes en la II Guerra Mundial. Hace unas declaraciones sobre las *ikastolas* que levantan ampollas, diciendo que las mismas son centros de antiespañolidad, lo cual es verdad, sin embargo, luego en Bilbao se retractaría. Estas manifestaciones le dolerían a los vascos independentistas.

Nosotros, como Compañía, no hemos tenido bajas aún, pero en Ondárroa han asesinado al Jefe de las Juventudes Carlistas de dicha localidad. En el sepelio impedimos que entrase en el pueblo su jefe político Carlos Hugo, supongo que por razones de seguridad, si bien por la noche lo tuvimos que escoltar hasta Bilbao. En el camino nos equivocamos de carretera pues todos los carteles en español han sido borrados y es fácil confundirse, pienso que al tener que decirle a Su Alteza, que por cierto, viaja en un vehículo mercedes, que hemos confundido el itinerario se habrá reído un poco de nosotros, aunque a buen seguro entenderá las causas y circunstancias del error. También nos han asesinado a un Policía Municipal en Durango mientras el hombre regulaba el tráfico, era un policía joven que habría dado la cara alguna vez… y ha perdido la vida en defensa de España.

Llegamos así al día 3 de abril, Elecciones Municipales y cumpleaños mío para más "alegría", patrullo desde las ocho de la mañana por la zona de Lequeitio, Guernica, Ispaster, Elanchove, Baquio y Ereño. A este último pueblecito llegamos por la rutina y obligación de ir recorriendo todos los colegios por si nos necesitan, y nuestra llegada coincide con un lío en el mismo. Resulta que han querido hacer trampas y han recogido firmas por los caseríos a los viejos que no saben leer y los jóvenes que se las han cogido, han votado por ellos por correo y por su partido, pero algunos de esos viejos han venido a votar y se han encontrado con que no pueden hacerlo pues ya consta que han votado por correo.

El presidente de la mesa no se aclara y entramos nosotros, hay quien piensa que hemos ido allí porque nos ha llamado algún vecino, les hago ver todo lo contario, pero no me creen, en fin, en un censo de doscientos cuarenta y seis votantes, todo son líos. Uno me dice que si en un pueblo tan pequeño se engañan así, cómo se va a arreglar España, tomamos café en el único bar que hay y dejamos que el presidente del Colegio arregle la cosa, charlamos con todos y vemos que son gente sencilla del campo, que no nos quiere mal.

El día y con ello la jornada termina sin incidentes graves y a las diez horas estamos en la Base, no ha estado mal, catorce horas de servicio, en la papeleta, como desde hace casi siglo y medio, consigno y cumplimento la misma con la conocida frase de "SIN NOVEDAD".

Al día siguiente hablo por teléfono con mi hermano Jesús, que está destinado en Irún voluntario desde hace once años y me cuenta que no tuvo problemas, pero que él regresó a las tres de la madrugada y que estuvo fijo de servicio en un Colegio. Ya, pasado este rubicón de las municipales, solo nos queda esperar la orden de regresar a Sevilla.

Días antes ha ocurrido algo lamentable, con motivo del día de San José, y por cuestiones que no vienen a cuento, aunque las conozco, pero que obedecen esencialmente a los nervios, algo a la bebida y a la incertidumbre en la que estamos, ha habido correctivos. Tuve que intervenir por mi ascendencia sobre todos para que no llegase a mayores, pero no pude evitar el resultado de los arrestos a dos de nosotros. A los pocos días voy a Bilbao a verlos al calabozo y los encuentro abatidos. Estarán un mes.

Una tarde de abril me despierta sobre la cinco horas el Sargento Manzano, que vino con nosotros concentrado siendo Cabo aún, con el que he estado varios años, y que cuando llegamos me eligió a mí como compañero de camareta, dada la confianza que tenemos. Ascendió a Sargento estando ya aquí, con el que tengo mucha amistad y afinidad de criterios con respecto a muchas cosas, y que tras su ascenso fue destinado a un Puesto de la Comandancia de Vitoria.

Le protesto un poco diciéndole que podía haberse esperado a que me despertara para saludarme, pues esa noche tengo patrulla y él sabe lo esencial que es el descanso del sueño. Me pide perdón y me cuenta con gran tristeza que ha venido a verme y a vernos a todos, que viene del aeropuerto de despedir a sus suegros que han venido al entierro de un hijo suyo de tres años que ha muerto ahogado hace tres días en un arroyo que pasa detrás del cuartel a donde ha ido destinado, de cuyo hecho no se dieron cuenta ni encontraron su cuerpo, a pesar de que lo buscaron rápidamente, hasta pasadas unas horas, llegando a pensar que incluso lo podrían haber secuestrado. Lo siento, lo siento mucho, me quedo que no sé qué decir, encima que ha venido a verme, yo no podía imaginar su tragedia, era su único hijo varón, le pido que me disculpe, lo reconforto en lo que puedo, llora su pena conmigo y yo me pongo muy triste. Lloramos los dos.

El 24 de abril mi mujer vino a verme a Bilbao, pasamos tres días estupendos, mi Capitán me dio todos los que quisiera coger, estuvimos hospedados en el Hotel Nervión, alquilé un coche y le enseñe todos los pueblos bonitos de la costa, la isla de Izaro y especialmente Bermeo. Comimos alegremente en los restaurantes que nos parecían apropiados, para no dar facilidades al enemigo ni caer en rutina, cada día en uno distinto, siempre sentados de cara a la entrada, degustando, entre otras viandas, las buenas verduras que allí se cocinan. Ella condujo el coche pues durante mi ausencia se había sacado el permiso de conducir. El día 27 a las cinco de la tarde, vuela de nuevo a Sevilla desde Sondica.

En estas fechas se ha esfumado la esperanza del retorno, las mujeres de los policías nacionales y las nuestras se manifestaron delante del Gobierno Civil de Sevilla pidiendo nuestro regreso, la noticia apareció en la prensa, lamentable en todos los sentidos, los políticos han dado lugar a este asunto, ahora se temen represalias, y la más probable es que nos dejen aquí a todos más tiempo, y así lo hacen.

Los hay recién casados, y toda una gama de situaciones familiares que están sufriendo en la lejanía, la incertidumbre agobia a muchos, algunos, ante las dudas, siguen pidiendo la baja en el Cuerpo todos los meses, pero nada cambia, nacen hijos, mueren familiares y todo se resuelve como se puede. Ya lo dijo el periodista Luis Apostúa, refiriéndose a nosotros: "La guerra del norte ha caído sobre sus espaldas".

Desde el día 1º de mayo voy de conductor en la patrulla, faltan conductores y aunque no estoy obligado, mi Capitán, que me lo ha pedido, se lo merece y por otro lado a mí me gusta conducir, y además (me sonrío cuando escribo esto) la ración de tornillos que me toca suele ser algo menor cuando los de ETA nos los regalan, por ir en el lado izquierdo, no hay mal que…

Freire anuncia su visita a Las Vascongadas y desde el día 6 de mayo tenemos que ir a Bilbao para relevar a los de la Comandancia que, a su vez, están practicando la instrucción para el desfile que habrá ante el Ministro. Nosotros no tenemos la debida limpieza en los trajes para hacerlo, lo cual, por otro lado, se comprende, pues la ropa nos la lavamos en los lavabos del Regimiento, cuando hay agua, pues muchos días la cortan. Yo me hice un tendedero de alambre en la azotea pero suele estar ocupado casi siempre, dado que somos muchos a tender.

Al menos nosotros podemos lavar y tender la ropa, pero a los soldados no se lo permiten y tienen que salir los sábados a las lavanderías de Bilbao para conseguirlo.

Las patrullas se aminoran por unos días.

Freire tras el desfile del día 8 y charla ante la tropa, dice que quiere poner medallas en nuestros pechos, que somos el coco de la ETA y que por eso nos ataca especialmente a nosotros, en ese sentido le doy la razón, es encomiable el poder de aguante que tenemos, como no podía ser de otra forma, siempre que España nos necesita, cubiertos de bajas y atentados traicioneros mientras Francia, como Pilatos, se lava las manos y mira para otro lado, sin colaborar mínimamente, y cuando lo hacen, es de muy mala gana como ignorando que (pienso yo) si acaso lograsen sus propósitos de independencia de lo que ellos llaman Euzkadi Sur, luego Francia tendría el mismo sangriento problema en la parte suya o Euzkadi Norte y sus gendarmes aportarían los muertos. Sé que estamos luchando en todos los frentes, unos en unos y otros en forma más discreta en labores informativas.

Todo eso ya lo sabíamos, es propio de nosotros el soportarlo pues para eso estamos, pero me viene a la mente mientras escribo estos apuntes el hecho que me dejó perplejo de que en las manifestaciones antinucleares en las que tuvimos que intervenir en el pasado mes de diciembre, en la localidad de Munguía contra la construcción de la central de Lemóniz, cosa que no había contado antes, no permitieron a la tropa llevar munición real, solo a los cabos y a los sargentos, y ello gracias a la presión y protesta que, en la reunión preparatoria del día antes, la tropa hizo, y dijo no estar de acuerdo con lo que se les ordenaba, cediendo el Mando

en que los cabos y sargentos sí llevarían munición real;
los guardias solo portarían, defensas, escudos, pelotas
de goma y bocachas en los Cetmes, por la indefensión
en que se nos colocaba a todos con respecto a una
previsible agresión con arma de fuego o simplemente a
que en las idas y venidas, carreras, cargas y pedradas
que íbamos a afrontar dentro del pueblo de Munguía y
sus arrabales o descampados (donde al final tuvieron
lugar), pudiese alguno sufrir o caer en una encerrona y
se viese perdido.

Visto todo ello, se accedió a que los ocho cabos que
quedaban en la Compañía así como los nueve Sargentos,
llevaran munición real por si acaso se daba alguna de
tales circunstancias límites.

La mayoría de la gente se metió la pistola en el cin-
turón por dentro del anorak, dispuestos a no dejarse
quitar el pellejo tontamente.

Al día siguiente de la visita del Ministro del Interior
nuestro Capitán nos manda reunir en el "Corral de la
Pacheca".

Después de muchos rodeos, no dice que de irnos
no sabe nada, que ha estado hablando con el Director
General que ha venido acompañando a Freire y agrega
que le dijo que a su vuelta a Madrid tratará nuestro
problema, que la Guardia Civil ha estado a pique de
desaparecer, que han habido presiones muy grandes en
ese sentido y que gracias al Ejército no lo han conseguido, así que continuamos siendo y considerándosenos
Fuerza Armada. También apunta que la manifestación de

las mujeres y familiares en la Plaza de España de Sevilla ante el Gobierno Civil pidiendo nuestro regreso, ha sido muy mal vista en Madrid.

No deja de tener su gracia que de venir a resolver (o intentarlo) el problema, hemos acabado siéndolo nosotros. Alguien debería haberle informado a Freire que estamos aquí como León y Valencia desde el año pasado, pero a buen seguro, además de que de sobra los saben, la visión que del conjunto de problemas y riesgos globales que ellos manejan es superior a la nuestra.

Nuestra cercanía a los árboles no nos deja ver el bosque entero, que diría un entendido. Yo, lo admito y lo entiendo.

Resultado. Las bajas voluntarias no cesan de producirse y se analizan muchas úlceras y otras dolencias para iniciar el expediente de retiro por inutilidad física.

Capítulo XIII
Manifestaciones en Guernica

Los días 9 y 10, patrullas normales el día 11, concentración en Guernica, es el aniversario de la muerte de dos etarras, murieron en un enfrentamiento con fuerzas nuestras, después de haber robado un vehículo a cuyo conductor dejaron abandonado, quien dio cuenta del hecho en cuanto pudo y los ladrones fueron sorprendidos por una patrulla en una calle de Guernica con el coche en marcha y ellos ausentes. Cuando se presentaron, el consiguiente "Alto a la Guardia Civil" no fue obedecido, comenzando a disparar y en el enfrentamiento murieron dos de ellos. El Cabo que mandaba la patrulla se salvó porque se metió debajo del Land Rover ante los disparos que le hicieron. Guernica tiene ya unos cuantos muertos, entre doce ó trece.

Un guardia civil llamado Andrés Segovia Peralta, cuando regresaba desde la fábrica de armas Astra, situada en la misma entrada de Guernica, al Cuartel, fue asesinado en las vías del tren. A los pocos días murió un teniente nuestro en un enfrentamiento con los asesinos de Andrés Segovia y el matrimonio que ocupaba el piso donde estaban los etarras escondidos, después Augusto Unceta dueño de la citada fábrica y a su vez presidente de la Diputación de Vizcaya, así como los dos guardias civiles de su escolta, fueron asesinados, hecho ocurrido en el Frontón Jai Alay. Un trozo de España jalonado de muertes. Estamos allí toda la mañana pero no ocurre nada de particular, hacen ondear banderas, ponen flores y se disuelven.

Noticia buena, dado que no se sabe cuánto tiempo estaremos aquí, han decidido dar permiso a diez de nosotros, todos los meses podremos disfrutarlo hasta ese número como máximo.

El día 17, tras el asesinato a tiros por la tarde del Guarda de la fábrica de Cementos de Lemona cuando se encontraba dentro de su vehículo, donde prácticamente se ha desangrado y es natural de Málaga, nos ordenan en plena noche montar control en el pueblo de Yurre. Está lejos de Munguía, llegamos una hora después, ya bien entrada la noche, es el inicio del Puerto de Barázar, en la nacional Bilbao-Vitoria, lo montamos en la misma travesía para aprovechar la iluminación, llueve intermitentemente, controlamos solo las salidas hacia Vitoria, el vehículo usado en el atentado, un 127, ha sido encontrado en el Cruce del Gallo a unos tres kilómetros. Tras cuatro horas y media durísimas de frío y agua, ordenan levantar el control. Bilbao ha estado bloqueado por los controles por si dábamos con ellos pero no han dado fruto. Continuamos servicio normal. Subimos el Puerto de Barázar y tomamos café en la única gasolinera que tiene cafetería abierta, por las noches, aunque para ello nos salimos unos kilómetros de Vizcaya entrando en la provincia de Álava.

El día 20 por la noche vino mi mujer otra vez a verme, la trajo mi cuñado Pepe que venía de viaje a Asturias y me trajo también a mi hijo Antonio, de cinco años, mi otro hijo José de dos años se quedó con su abuela. El Capitán me da otros tres días de permiso para poder irme a La Felguera, regreso el 24 y paso unos días con anginas y algo de fiebre, la vida de los concentrados sigue su turno ordinario y asaz sacrificado.

El día 25, ETA asesina en Madrid a un General y a dos Coroneles, es un duro golpe y además en nuestra Sevilla asesinan a un inspector de policía y muere en la refriega un joven de dieciocho años, seguimos las noticias por la radio con mucha atención. A Freire se le notan otra vez los nervios al decir la frase de "los encontraremos aunque se escondan en el centro de la Tierra", no obstante tenemos suerte y en un control nuestro, en El Rincón de Ademúz, zona de Valencia, y subsiguiente enfrentamiento, dos miembros del Grapo autores de lo de Sevilla, resultan muertos, pero no para ahí la cosa, por la tarde estalla una bomba en la cafetería California 47 de Madrid donde habitualmente se reúne gente de derechas y causa varios muertos, numerosos heridos y cuantiosos destrozos.

Parece un mal síntoma que días antes el humorista Forges había hecho un chiste llamando al establecimiento "Fascisfornia 47". El atentado traerá cola.

En esos días asistimos a otra "charla dialogada" del Capitán, como él las llama, nos hace ver que no nos iremos en junio y que espera conseguir siete días de permiso de regalo, para los que nos quedemos, pues el número de peticiones de baja tanto por enfermedad como definitivas en el Cuerpo, está aumentando, pero ese permiso será con la condición de que si alguno de los tres turnos que se hagan se da de baja por enfermo en Sevilla, el siguiente no saldrá con permiso y además nos dice que todos le firmaremos un documento antes de irnos en el que nos comprometeremos a ello, es decir a regresar, añadiendo que si alguno se da de baja por enfermedad, él se lo traerá personalmente en una ambulancia hasta Munguía. ¡Vaya por Dios!

Obvio es decirlo. Esto se pone cada vez peor, pero es verdad que algunos le han hecho tal faena y no quiere que se repita.

También tenemos que pagar el mes de comida del Regimiento, pues nos han dicho que de aquí nos tenemos que marchar ya que el Ejército necesita la Batería que estamos ocupando, dicen que como no tienen sitio para todos nos repartirán por los Puestos, yo ante tal panorama me apunto voluntario para irme a Plencia, que al menos tiene cuartel nuevo. Algo me entristece, pero no mucho toda esta situación tan anómala.

Día 31 de mayo, la gente del primer turno se ha ido con siete días de permiso a Sevilla. Sobre las cuatro de la tarde nos dicen que estemos preparados para ir a Guernica, que se espera jaleo, pues hay problemas otra vez, se hace una lista de treinta para ir, cuando voy por el pasillo de la batería para prepararme oigo lo siguiente:

—¡Fulano! (llamando).

Fulano contesta:

—¿Qué pasa?

—Nos vamos a Guernica.

—¿A qué?

—Pues, ¿a qué va a ser?, a lo nuestro, que para eso estamos.

Los ánimos (me digo a mí mismo) tras oír lo que he oído no pueden ser mejores. Me alegro.

Lo de Guernica se solucionó pronto y sin problemas.

Estamos en junio, patrullas y más patrullas podría decirse que hemos tenido mucha suerte, no hemos caído en ninguna trampa hasta la fecha, si bien la documentación de un comando recientemente detenido demuestra que nos estaban controlando las entradas y salidas de la Base y el tipo de vehículo que usamos con el fin de atentar contra nosotros.

El mes de junio ha llegado y seguimos aquí, el día 9 si tengo suerte me iré con siete días de permiso a Sevilla y algunos días a La Línea a pescar doradas.

El día 2 de junio pasé una tarde muy amarga, tengo patrulla en Plencia y su zona, cuando llegamos al cuartel y entramos en el bar, un pabellón vacío que hace funciones de tal, como en todos los cuarteles en que se puede montar, en el cual atiende uno de los guardias de protección del cuartel, cuando llegan las patrullas, e incluso nosotros mismos si se tercia, dejando el dinero estipulado en una lista encima del mostrador, y observo mesas preparadas con platos de tapas y de pan. Pregunté y me dijeron que era para la gente del Puesto y que lo hacían a menudo así que se reúnen todos los que están libres de servicio con las mujeres y los niños a los que les dan pipitas y caramelos, los padres se toman unas copas y charlan de su tierra y de cuando se irán destinados a las Comandancias de su procedencia, generalmente el Sur, Extremadura, Castilla o Galicia, y ponen música de su tierra.

Era una tarde preciosa de junio, yo había venido viendo a la gente en el campo, en aquel precioso campo verde que allí hay y en los bares, es domingo, y la población estaba disfrutando de su ocio. Nosotros no, nosotros vivimos encerrados, marginados por completo de la sociedad que nos rodea por el odio que han impuesto mediante el miedo y los atentados. A mi pregunta a los del Puesto, me dicen (aunque imagino la respuesta o mejor dicho la sé) que para qué van a salir si no van a estar a gusto en ningún sitio con la mujer y los niños temiendo lo peor, así que se quedan en el cuartel, es mejor.

Me cuentan que a las hijas del Sargento Comandante de Puesto que se atrevieron a entrar en un baile de Plencia les pegaron un día.

Al hijo del Cabo le pegaron una paliza entre unos cuantos en el pueblo cuando lo sorprendieron, es de pena y yo la siento como todos los demás.

Esta escena ya me había sido dado verla en Durango. Los domingos un cura vasco ya mayor acude al cuartel para decirnos misa, lo sabemos, y las patrullas acudimos para oírla en unión del personal del Puesto. La misa se celebra en la cochera trasera, un semidescampado cercado por un muro y una valla, amplio y usado para todo, y en un pequeño cobertizo que preside un crucifijo de hierro que ha fabricado un guardia, como si fuese el altar, se celebra el acto. Luego, acompañados de las familias que lucen sus mejores galas como cumple a un domingo con misa, asistimos a la misma que en realidad casi nadie oye completamente, por mor de los ladridos incesantes de nuestros perros, que como música de fondo, no cesan de hacerlo, pues los tenemos atados a un larguísimo alambre para que puedan moverse a lo largo de las alambradas del patio, y ante el bullicio y la concentración los animalitos no dejan de ladrar y correr de punta a punta. Corren casi libres cada uno por su banda en previsión de cualquier sorpresa o ataque.

Luego de la misa, las familias se acercan al pequeño bar del cuartel, acompañadas del Padre cura y se toman algún refrigerio sentados en cajas vacías de refrescos y algunas sillas que como todo ajuar tenemos y donde pueden, mientras los niños juegan en el patio y en un montón de arena que hay en medio del mismo, traída y pagada por los guardias para que sus hijos tengan un juego añadido, ya que si salen al pueblo les pegan y los insultan diciéndoles *chacurras*.

Un domingo, tras la misma, saludé al cura y le manifesté mi gratitud por venir al cuartel, me dijo que había que conseguir que no viviéramos marginados del todo y me invitó a un tinto en el bar, después de una misa en la que todos pusimos y tuvimos el corazón los más abierto que pudimos aunque la procesión iba por dentro.

Tras su marcha, un guardia me contaría que por venir al cuartel a decirnos misa, a este sacerdote le escupen por la calle e incluso le han amenazado. A todo esto, no se sorprenda el lector, estamos en las católicas Vascongadas, cuna de tanto cristianismo.

En otro aparte me cuentan que un guardia de Durango ha vestido a su hijo de Guardia Civil para hacer la Primera Comunión y que, ese día, al entrar en la iglesia, todas las demás personas y padres permanecieron calladas y no dijeron nada al respecto, que más bien miraban al niño con simpatía y el niño vio realizado su deseo de hacerlo vestido como su padre. Emocionante. No obstante este ambiente civilero y cuartelero reprimido en cuanto a lo que en el resto de España es de total normalidad, aunque justificado en aras de la seguridad de todos en el que se están criando no le hace ningún bien a ningún niño, no se forman completamente y tal vez es una pena que cuando van creciendo solo desean ser guardias civiles, aunque ello no tenga nada de negativo en cuanto a sus deseos pues es lógico y legítimo desearlo, como en su día fue mi caso.

El día 16 regreso del permiso-regalo que he disfrutado (que así se dice en la Guardia Civil) siete días de vacaciones estupendas con mis hijos, La Línea, Málaga, Tívoli, en Benalmádena, playas y de vuelta en avión a Sondica, cambio el Sol por la lluvia y los recelos.

Capítulo XIV
Asalto al campamento de Vitoria

Como era de esperar, desde que llegamos en el lejano mes de diciembre, casi abandonando noviembre, el enemigo nos ha estado tomando la "medida" en silencio y taimadamente, dado que nuestra convivencia en los cuarteles del Ejército está llena de ojos, que, unos nos quieren y otros no, como nos pasó a nosotros, a nuestra llegada, la misma noche al acuartelamiento de Soyeche. Los que dan el santo y seña son esencialmente algunos de los soldados vascos envenenados por el separatismo, que prestan el servicio militar como voluntarios en estos campamentos para no salir de su tierra y que pasan la información al enemigo en esta "guerra larvada", en cuanto a la información obtenida, para después golpearnos en el momento que estimen preciso o adecuado, y que más daño nos haga.

Tan es así, que el pasado día 9 hubo un atentado en el mismo interior del Campamento de Araca en Vitoria contra los compañeros de la Compañía de Reserva de Valencia, la que se quedó allí para montar sus servicios desde el mismo por toda la provincia de Álava, con el saldo de tres guardias heridos y podía haber sido una matanza, de ahí que nunca se sepa qué destino es el mejor, como ellos tal vez creyeron en su día, por la menor incidencia del terrorismo en dicha provincia.

Ha sido un golpe audaz, pero sin duda propiciado por la información que han obtenido desde dentro. Han entrado por el monte que circunda la Base, con una furgoneta de reparto por una entrada sin vigilancia directa existente en la valla que lo rodea y en teoría lo protege, y se han presentado en la misma puerta del local que la Compañía usa como bar y centro de reunión y han comenzado a disparar a quemarropa. Quieren matarlos a todos, pero por suerte uno de los guardias que estaban despachando tras el mostrador tiene su pistola y repele la agresión, ante ello, los etarras, cobardes, como siempre que pierden la iniciativa, lanzan una granada que no estalla y se escabullen por donde han entrado.

Es increíble lo que ha pasado, sobre todo si tenemos en cuenta que estamos en el interior de un CIR, Centro de Instrucción de Reclutas, recinto militar que tiene la guardia doblada.

Un compañero me contó que al oír los disparos en el Cuerpo de Guardia distante unos cien metros, el Cabo de la Guardia (hablo del personal del ejército en el que confiamos nuestra seguridad mientras estamos dentro del mismo) ordenó tomar las armas por creer que era un ataque, y que dicha orden fue revocada por el Alférez de Guardia que ordenó, formar, cubrirse, contarse y luego de todo ello tomar las armas, así cuando reaccionaron, los pistoleros habían huido.

Alguno de los que todos los días se cruzan con nosotros dentro del Campamento les pasó la información de nuestras costumbres y puntos débiles del recinto. Habrá que trabajar más la información, que también la tenemos y descubrir al delator.

El día 15 todo el personal libre marcha a Pamplona, debido a la concentración de Herri Batasuna, partido de extrema izquierda que apoya a ETA militar, que tendrá lugar en Alsasua. Controles fijos de doce horas y setenta kilómetros para ir a dormir. Tres días agotadores, pero la concentración de protesta no tiene lugar, así que vuelta a la Base y a la rutina.

Desde la Base, en una muestra de confianza que me honra, me comisiona mi Capitán como concentrado a la localidad de Plencia, por diez días hasta final de mes, nombrándome a mí, al mando de un grupo de dieciocho hombres, dos de ellos cabos, a los que yo elegí, y los vehículos respectivos para desde allí, organizar la alimentación y el hospedaje, pues el cuartel dispone de pabellones, y los servicios de patrullas nombrados según mi criterio y además me dan una habitación para mi solo. El Jefe es el Jefe. Plencia es muy bonita, compramos utensilios de cocina y nombro un cocinero rebajado de servicios, que con otro perteneciente al Puesto nos harán la comida y pondrán las mesas.

Este sistema de alimentación se llama "imperio" dentro del Cuerpo en el cual todos ponemos el mismo dinero y cuando se acaba, ponemos otro tanto para las compras de alimentos. Al menos aquí, al terminar los servicios podemos salir un rato a dar un paseo, si vamos en un grupo numeroso. Así lo hacemos y tengo fotografías de ello y en las mismas estamos intentando pescar en el malecón del Puerto, pero de día no se pesca nada. En las fotografías se nos ve risueños, como jóvenes que somos. Esto es vivir de otra forma, estábamos hartos ya de tanto Campamento.

Antes de salir para Plencia he reunido a los otros dos cabos, "H" y "M", que vienen conmigo, sobre los que tengo mando por ser yo más veterano y les he pedido que me presten la máxima colaboración en todo lo que yo ordene en esta nueva misión, pues el personal está muy quemado, así me aseguran que lo harán y así lo hacen, de lo que dejo cumplida constancia en este párrafo, omitiendo sus nombres pues no he querido darlos de ninguno de los que entramos en esta historia, dado que sería tal vez contraproducente, y por otro lado todos merecen estar en la misma y somos muchos, tanto los que quedamos, los que se han ido tras pedir la baja y los que han venido nuevos por las bajas habidas, a todos los cuales conservo en mi corazón tras el tiempo transcurrido y no hago distingos con ellos, aunque siempre hay preferencias, como en todo en la vida.

Dada mi afición a la pesca, en las patrullas nocturnas solemos parar algunas veces al final de la playa de Baquio, preciosa y extensa, sarguera y lubinera, donde hay pescadores de caña a lo largo de la misma, las cuales también hay que vigilarlas por los potenciales desembarcos nocturnos de terroristas procedentes de Francia, como vía fácil de entrada, y con los que, mientras nos relajamos en la oscuridad y estiramos las piernas, yo entablo charla con alguno al que me acerco preguntándole si ha pescado algún sargo o lubina, o no, dado mi conocimiento de ese mundo.

Inevitablemente, cuando están solos la conversación, si se alarga, deriva al terrorismo, y me dicen que no están en nada de acuerdo con ellos, pero que todos tienen miedo, y que él, sin ir más lejos, está hablando conmigo debido a la oscuridad de la noche y a que sabe que no hay nadie cerca, de lo contrario no lo haría. Lo comprendo, lo saludo, le hablo de mis experiencias como pescador de doradas, y le deseo (como dicen en Puerto Real) buena mano.

Este entorno de rumor de olas rompiendo y batiendo me trae recuerdos agradables, no en vano mi primer servicio en el Cuerpo lo fue en una inhóspita fría y ventosa playa del Campo de Gibraltar, junto al Peñón, un uno de enero de hace muchos años… cuyo viento de Levante me rompió el termo al tirarlo al suelo y perdí el café que llevaba esa misma noche en uno de sus brutales e imprevistos empellones y que se llevó un año de mi vida hasta que logré salir de allí.

Este mes han hecho venir a tres guardias que estaban dados de baja en Sevilla por distintas causas usando el "democrático" procedimiento de ponerles el "alta" delante y decirles que o firmaban o se atendrían a las consecuencias, y claro, firmaron y volvieron al País

Vasco. Las bajas se las habían dado los médicos de la Seguridad Social. El "alta" se la dio el Capitán Médico.

22 de junio, patrulla en el Alto de Soyube, puerto de montaña que une Munguía con Bermeo y ubicación del repetidor de TVE, amenaza de bomba que nos tomamos a broma, luego resultó ser falsa, aunque fuimos a verlo e inspeccionarlo.

Decir, tal vez una vez más, y nunca serán bastantes, que, por lo que respecta a cómo funciona la Guardia Civil, por demás comprensible, pues para eso estamos y a nosotros en nada nos extraña, basta leer el párrafo siguiente, pues de un día a otro, de una hora a otra, de un minuto a otro, todo cambia, todo se trastoca, todo se muda, todo se modifica, en aras del ritmo de los acontecimientos globales de España, de los cuales, aisladamente, no tenemos una visión general, sin que hayamos tenido arte o parte en su "cocinamiento" y por descontado que nosotros solo decimos, el que sabe decirlo, "amén", es decir, así sea, y por consiguiente, en marcha hacia donde nos digan, como narro a continuación.

Inesperadamente, a primeros de julio, empiezan a estallar las bombas en los hoteles y lugares turísticos de la costa mediterránea, y en la Costa del Sol, por lo tanto orden inmediata de desconcentración. Alegría y alborozo en todos nosotros. Carretera de regreso sin más tardanza, carretera que por cierto tras tantos meses esperando nos parece interminable. Llegada a Valdemoro, nuestra escuela de Guardias Jóvenes entre otros Centros, parada para almorzar y en la misma, presentación de un Capitán de la Dirección General en el comedor en el que estamos con una nota en la mano. Suspense al máximo: "Señores, lamento decirles que no van ustedes (vuestras mercedes) a Sevilla, se dirigen directamente a la Costa del Sol, concretamente a Málaga. Allí se les necesita".

—¡Bueno, bueno, qué le vamos a hacer!, —me digo yo.

El desencanto es general, están todas las familias esperándonos en Sevilla, pero órdenes son órdenes y Málaga, al anochecer, nos recibe con los brazos abiertos, todos tenemos barba crecida y buena presencia, nos reparten en tres lugares por Secciones, Málaga, (mi tierra) Fuengirola y Marbella, a donde ha ido mi Sección y yo con ella.

Las bombas para amedrentar al turismo están estallando, las han metido con temporizadores en fiambreras ocultas en los conductos del aire acondicionado de los pasillos de los hoteles o de las habitaciones, cuando han estado hospedados allí durante el invierno pasado, o de visita a otros individuos que no tienen antecedentes, así que saben qué día y a qué hora estallaran.

Cuando los etarras llaman avisando que hay una bomba próxima a estallar, dan pocos minutos de margen, corremos al lugar del aviso pero ya solo nos queda contemplar el hotel desalojado o desalojándose aún y las habitaciones voladas así como respirar los nefastos vapores de la Goma 2, al hacer la inspección ocular que dan dolor de cabeza intenso, y después, tranquilizar al personal.

Con independencia de ello, aquí todo es distinto, el recelo ha desaparecido, es nuestra gente, estamos como el pez en el agua, todo el mundo quiere invitarnos, hoteles, bares, salas de fiesta, todos quieren que estemos cerca de su establecimiento, Marbella me resulta familiar y la conozco a fondo desde mi juventud, las patrullas son una gloria, con nuestra presencia y controles damos confianza al turismo que había iniciado la desbandada y a la población, las bombas dejan de estallar pasados unos días, por fin, ante la tranquilidad reinante, tras no obstante haber tenido que desalojar toda la urbanización Guadalmina una noche por la amenaza de bomba, que luego se confirmó, estallando, el día 10 de julio, regresamos a Sevilla.

Quedan en este, mi tercer relato de CONCENTRACIONES EN LA GUARDIA CIVIL, *Historias Cortas de Hechos Reales*, como titulé mi primer libro, alguna concentración más, que aún no ha visto la luz, como por ejemplo, el traslado a los distintos Bancos de España, de la Península, de los antiguos "duros", es decir las monedas de cinco pesetas, que se habían fabricado en Chile, al parecer por ser más barato allí que en España. Se desembarcaron en contenedores en el Puerto de Cádiz y hubimos de escoltar casi toda la Compañía hasta su destino durante varios días, con aquellos viejos Land Rover de que disponíamos, para pesar y protestas de los camioneros escoltados, que habían de acompasar la marcha de sus potentes camiones a nuestra escasa velocidad, y más aún subiendo los puertos de montaña y que yo, con la idea de poder visitar a mi hermano Jesús que estaba destinado en el Cuartel de Irún, como antes digo, me apunté como voluntario para escoltar el contenedor que me tocó al Banco de España de San Sebastián, cruzando toda España en dos días, y, por la tarde, una vez terminado el servicio y descargado el dinero por operarios, con las máximas precauciones y cerrada la calle al tráfico rodado, tras muchos años sin vernos, nos entrevistamos en el paseo de la Concha, y aún esta concentración que sí narro, tiene muchas cosas por decir, unas por no proceder en un relato tan escueto, otras por no ser relevantes y otras que prefiero callarme, pero a Dios gracias y afortunadamente las cuento.

Lamentablemente hubo arrestos en dicho periodo, pero de poca entidad y escasísimo número.

Algún suceso que podría haber resultado muy negativo entre un Sargento y un Guardia, se solventó, tras mi intervención personal, pues había sido testigo del incidente, con un abrazo mutuo con petición de disculpas por parte de ambos en lugar discreto, pues todo ello se debió a la tensión bajo la que estábamos, si bien el Sargento obró en consecuencia y el Código de Justicia Militar estaba a su favor de haber trascendido.

El terrorismo, desde el 25 de noviembre de 1978 al 1º de julio del 1979, ocasionó en los siete meses que duró la concentración, el asesinato de diez Guardias Civiles, dos Taxistas, seis Policías Nacionales, cinco

Policías Municipales, siete Paisanos, un Alcalde, nueve Industriales y siete Militares. Un total de cuarenta y dos vidas humanas sacrificadas por la barbarie, el odio y la sinrazón terrorista, que alcanzaría a partir de aquella fecha y años siguientes horrores difíciles de imaginar y que sufrimos todos, pero especialmente la Guardia Civil.

La experiencia y el hermanamiento fue muy importante, y nos ha unido a lo largo de nuestra posterior existencia, como lo demuestra la comida que celebramos venticinco años después, para conmemorar tan durísima concentración, todos los que, viviendo aún, quisimos asistir en Sevilla, cuando muchos ya estábamos retirados y otros a pique de serlo, auspiciada por mi antiguo Teniente, a la que obviamente asistí y cuya convocatoria transcribo al final de este relato.

El segundo curso de BUP lo perdí completo, aunque tuve la suerte de "sufrir" un examen patriótico, como así se llamaron a algunos de los que se hicieron tras acabar la Guerra Civil, en las universidades a los que volvieron vivos del frente, tras tres años de guerra, en materias poco importantes, y, en mi caso, por parte de la profesora de Lengua y Literatura del Instituto Gustavo Adolfo Bécquer en septiembre, cuando me presenté a todas las asignaturas por si acaso, quien, conocedora del mis circunstancias, tras saludarme, me dio ese día un grupo de folios en el primero de los cuales había escrito como materia de examen: "Cuénteme algo de allá arriba". Se lo conté, y me dio una nota de diez, que tal vez no merecí, aunque la asignatura me gustaba y la dominaba, pero su gesto me hizo muy feliz. Primero por el cariño que me demostró y además, supongo que conservaría mi breve relato toda la vida, lo que yo, emocionado y agradecido le conté de mis vivencias, aunque su diez en "Lengua" no me sirvió para no repetir.

Tras nuestro regreso, la vida de la Compañía se volvió a ceñir a la rutina sevillana, pero aún así las concentraciones menores se sucedieron continuamente, como por ejemplo, "La Guerra de los Tractores" de Extremadura, el Refuerzo de la Comandancia de Algeciras en verano, por el paso del estrecho, el igualmente refuerzo de la Comandancia de Granada y sus pueblos, patrullando los mismos para dar sensación de seguridad, y las siguientes campañas veraniegas de reforzamiento de la Costa del Sol contra las bombas de ETA, que seguían estallando, donde siempre me destinaban a San Pedro de Alcántara, entre Marbella y Estepona, donde ayudé con mis conocimientos del idioma inglés.

Mi ascenso a Sargento en enero del 82 me decidió a pedir nuevo destino como tal, con carácter voluntario a la Comandancia de Las Palmas de Gran Canaria, siendo destinado meses después a la misma capital, Las Palmas, Puesto del Puerto de la Luz, como Comandante de Puesto, aquella primavera en la que en lo nacional en España, además del azote del terrorismo, se celebraba su Mundial de Futbol y en lo internacional, el mundo asistía atónito y perplejo a la Guerra de la Malvinas, entre la pérfida Albion, (que aún mantiene ocupado, para dolor de mi corazón, dado su superior poderío militar nuestro querido y perdido Gibraltar desde 1714) y la Argentina de Videla, que reivindicaba y reivindica dichas islas y las había ocupado por sorpresa para recuperarlas.

Durante la misma, al hundimiento por parte del inglés del Crucero General Belgrano el 2 de mayo, buque insignia de su marina con mil cien hombres a bordo, que fue sorprendido por dos torpedos de un submarino inglés, causándole tresciento ventitres muertos, Argentina respondió hundiéndoles el 4 de mayo el Destructor Sheffiel, con un misil Exocet de fabricación francesa (tela), quemando vivos en el incendio y posterior hundimiento a sesenta y tres miembros de la tripulación. Guerra que al final, lamentablemente perdieron los gauchos.

En esos mismos días me embarcaba con mi familia rumbo al archipiélago canario en el puerto de Cádiz, en el transatlántico J.J. Sister, camarote de primera, al que entonces tenía derecho la suboficialidad de la Guardia Civil, (luego lo perdimos) y manutención por cuenta del Estado. Mientras mis hijos corrían por cubierta, coloreando la misma con sus chandals del mundial de España, jugando entre las hamacas de las piscinas yo vomitaba después de cada comida durante los tres días de navegación en un cuasi agónico estado de malestar tendido boca arriba en mi camarote, a lo que la tripulación respondía siempre:

—¡Pero si el barco no se mueve!, lleva los alerones estabilizadores sacados".

—Sí, sí. No se mueve…

No en vano el mareo se define como "la enfermedad que el que lo tiene cree que se va a morir, y los demás se ríen de ello".

Canarias es otro episodio, fui muy feliz, y allí escribí relatos como *La causa de la muerte, El Brillo del Tricornio o La botella de Chivas y La Palabra equivocada*, y, continué completando mi formación como guardia civil varios años hasta mi regreso a la Península.

Rosal de la Frontera, a 15 de noviembre de 2016.

Anexo al capítulo XIV

Copia de una carta de convocatoria

Sevilla a 19 de noviembre del año 2003

Origen: Agrupación de Tráfico Sector de Sevilla
Teniente Coronel Francisco Ortiz Clavero

Querido amigo y compañero Don Antonio Rojo Morales:
En fechas próximas y en concreto a primeros de diciembre del presente año se cumplirá el XXV Aniversario que, en el terreno humano y profesional guardo con entrañable cariño y respeto.
El hecho al que me refiero es el Referéndum de nuestra Constitución de 1978, evento por el cual nuestra apreciada y recordada Compañía de Reserva de la Zona de Sevilla fue concentrada en la Comandancia de Vizcaya "para unos cuantos días" que, por necesidades del servicio se tornaron en siete intensos meses.
Las vivencias que, durante el transcurso de aquellas fechas, compartimos, quedaron para siempre en nuestro recuerdo y constituyen un punto de referencia en la trayectoria de aquella Unidad que tantos y tan buenos recuerdos nos trae.
Las condiciones en las que sobrellevamos aquellos eventos dan muestra de ese espíritu de sacrificio, compañerismo,

lealtad y entrega constante en pro del bien de la sociedad a la que servimos y de la que formamos parte; valores estos que nunca se deberán perder porque constituyen los pilares fundamentales de la querida Institución a la que pertenecemos, razón de nuestra existencia y fundamento de nuestro prestigio.

Para recordar estos y otros muchos momentos, un grupo de amigos y compañeros de la antigua Compañía hemos pensado reunirnos para celebrar una comida de hermandad. Como fecha tenemos prevista la del día 11 de diciembre del presente año en el incomparable marco de la Real Venta de Antequera, sita en la Barriada de Bellavista (Sevilla), a pie de la N-IV. Esperamos contar con tu inestimable presencia.

Queda a tu entera disposición y, con la esperanza de vernos en breve recibe un fuerte abrazo. Fdo.: Francisco Ortiz Clavero.

A esta comida asistí, como no podía ser de otra forma, siendo ya Capitán y estando en la Reserva, a petición propia, para dedicarme a la actividad empresarial. Fui el único de todos los de la Compañía procedente de tropa que había alcanzado la oficialidad por el sistema de Oposición, si bien en aquellos días estaba algo malucho con la tensión arterial, siendo muy amena la reunión, llena de recuerdos, unos recordados y otros no, como lo fue el caso de decirme el guardia Manzano que estando en el Norte, en cierta ocasión le dí tres días de permiso por haber cumplido bien y estar en su sitio cuando le correspondía estarlo, y otros me recordaron lo quisquilloso que yo era con las lentejas, cosa de la que tampoco me acuerdo, aunque es verdad que no tengo pasión por ellas.

Saludé al Coronel Sáchez, al que tuve de Capitán antes de ir al Norte, al Coronel Giménez Reyna, que mandó la Compañía en el Norte y cómo no a mi Teniente Jefe de Sección Francisco Ortiz Clavero, promotor de la reunión, que tantos años mandó la Sección a la que yo pertenecí y que siempre me distinguió con su aprecio y confianza en mi labor tanto en las situaciones comprometidas en Extremadura y en el País vasco en las que mi Unidad se vio inmersa, así como (no sería justo silenciarlo) durante el curso de Oficial, un año lectivo, al tenerlo de Comandante Profesor en la Academia de Oficiales de El Escorial, demostrándome su aprecio, de todos los cuales guardo un muy buen recuerdo, así como de mis compañeros de entonces que asistieron o no pudieron asistir a la comida de hermandad.

Esta historia, desgajada de un libro mayor, donde también está impresa, se edita en un librito de pocas hojas debido a que, cuando estaba en folios, fueron mojados por alguna lágrima de alguien a quien al parecer le gustó tanto que lloró, y yo lo vi.

A. Rojo

"No entiendo yo, amigo lector, que me corresponda a mí hacer un resumen de este libro, sino a quien, tras haberle caído en sus manos, por los caminos que fueran. Pero como me lo piden, diré que me pareció bien narrar en primera persona todo lo que viví cuando, siendo muy joven, el peso de la responsabilidad contraída por lo que era no me abrumó en absoluto.

Viví estas concentraciones con alegría, y así las narro, impregnadas de tintes románticos y soñadores, no exentas de pasajes tristes, que espero haber sabido expresar con mi humilde pluma, sobre todo en estas dos primeras historias cortas de hechos reales, como yo las titulé en su día, un lejano 1990, muy distintas de las otras dos, que tal vez algún día vean la luz."

A. Rojo.

Querido lector, este libro sobre la pesca que tienes en tus manos podría decirse que nació tras un "embarazo" de muchos años de afición, la cual, tras atraparme, creció en mi mente día a día con la fuerza de lo desconocido, del desafío, de la aventura que mueve al hombre…, y sigo apasionado por ella.

Mi modalidad preferida es la pesca al lanzado y a fondo, desde tierra, preferiblemente desde playa, sin desdeñar espigones, acantilados y roquedos, e incluso la embarcada, tanto a fondo como al garete o al curry, bien en la Península o en Canarias.

Y digo que es mi preferida por entender que es la más noble, propia, genuina, ancestral y bella de las modalidades. ¿Razones? Solo decir que cuando una caña plantada en una playa se dobla y dobla y dobla y suelta hilo, encorvada y sufriendo la presión antes de que lleguemos a ella, es el espectáculo más emocionante y bonito que podemos ver en este mundo del que hablo y escribo.

Si ello le ocurre a Vd., amigo lector, en alguna de sus cañas, vívalo y suerte, mucha suerte.

Antonio Rojo